Guichets uniques pour les citoyens et les entreprises

OCDE
DES POLITIQUES MEILLEURES POUR UNE VIE MEILLEURE

Ce document, ainsi que les données et cartes qu'il peut comprendre, sont sans préjudice du statut de tout territoire, de la souveraineté s'exerçant sur ce dernier, du tracé des frontières et limites internationales, et du nom de tout territoire, ville ou région.

Merci de citer cet ouvrage comme suit :

OCDE (2020), *Guichets uniques pour les citoyens et les entreprises*, Principes de bonne pratique de l'OCDE en matière de politique réglementaire, Éditions OCDE, Paris, *https://doi.org/10.1787/01776293-fr*.

ISBN 978-92-64-53802-3 (imprimé)
ISBN 978-92-64-63570-8 (pdf)

Principes de bonne pratique de l'OCDE en matière de politique réglementaire
ISSN 2708-0854 (imprimé)
ISSN 2708-0862 (en ligne)

Avant-propos

Le présent rapport s'inscrit dans une série de « principes de bonne pratique » élaborés sous la direction du Comité de la politique de la réglementation de l'OCDE.

Le Comité de la politique de la réglementation de l'OCDE est à l'avant-garde des efforts pour construire un consensus international sur les questions de politique de la réglementation. Il a par ailleurs, ces derniers temps, pris la mesure de l'importance que revêt l'assistance aux pays membres et non membres qui cherchent à améliorer leur mise en œuvre de la réglementation.

La mise en œuvre de la réglementation commence immédiatement après l'adoption d'une loi ; elle doit être vue comme un continuum plutôt que comme une action isolée et statique. Pour compléter la *Recommandation du Conseil concernant la Politique et la Gouvernance réglementaires de 2012*, l'OCDE a émis des lignes directrices sur la mise en œuvre de la réglementation dans les domaines de l'inspection et du contrôle, sous la forme de principes généraux et de conseils pratiques. S'inspirant de ces travaux et d'autres recherches connexes, le présent rapport vise à aider les décideurs à concevoir, mettre en place et évaluer des guichets uniques. Les guichets uniques permettent aux pays d'améliorer la mise en œuvre de la réglementation pour leurs citoyens et leurs entreprises tout en réduisant les besoins en ressources publiques qu'elle implique. Les principes énoncés dans ce document fournissent un cadre pour soutenir les guichets uniques, quel que soit leur stade de développement.

Ce document a été approuvé par le Comité de la politique de la réglementation lors de sa 21e session, le 6 novembre 2019, et il a été préparé pour publication par le Secrétariat de l'OCDE.

Remerciements

Ce rapport a été élaboré par la Direction de la gouvernance publique (GOV) de l'OCDE, sous la direction de Marcos Bonturi, son Directeur, et de Nick Malyshev, chef de la Division de la politique de la réglementation. Sa coordination et sa rédaction ont été assurées par Paul Davidson, dans le cadre du programme intitulé « Mesurer les performances en matière de réglementation » dirigé par Christiane Arndt-Bascle, au sein de la Division de la politique de la réglementation.

Manuel Gerardo Flores Romero et Adriana Garcia ont réalisé l'étude de cas sur le portail mexicain *Tu empresa*. Benjamin Gerloff a assuré les contacts avec l'organisme et la rédaction de l'étude de cas sur le portail allemand *Informationsportal für Arbeitgeber*. Giovanni Borraccia a contribué à la rédaction de l'étude de cas sur *ePortugal*. Les recherches documentaires ont été assurées by Boris Jaros. La préparation du rapport en vue de sa publication a été assurée par Jennifer Stein.

Le Secrétariat de l'OCDE remercie pour leurs conseils João Vasconcelos et Benjamin Welby, de la section Gouvernement numérique et Données publiques ouvertes de la Division Réforme du secteur public de la Direction de la gouvernance publique. Particulièrement utiles ont été leur apport dans le questionnaire d'enquête et leur révision éclairée de la première version du rapport. Le rapport a en outre bénéficié d'observations formulées par Christiane Arndt-Bascle, Daniel Trnka et Nick Malyshev ainsi que par les membres du Comité de la politique de la réglementation de l'OCDE. Le Secrétariat remercie, pour sa contribution à l'annexe sur les services transfrontaliers dans l'Union européenne, Vesa Vanhanen, de la Direction générale du marché intérieur, de l'industrie, de l'entrepreneuriat et des PME – Numérisation du marché unique, à Bruxelles.

Le Secrétariat tient à remercier spécialement tous les agents des administrations publiques qui ont participé aux études de cas. Le rapport a grandement bénéficié de leurs réponses exhaustives à une première enquête, puis des discussions franches et ouvertes au cours desquelles ont été explorés les problèmes particuliers posés par la mise en place, la mise en œuvre et l'évaluation ultérieure de guichets uniques, ainsi que les multiples solutions pratiques qui se sont présentées. Il s'agit de Wai Fai Lee, Candace Marzano et Pierre Pharand, d'Innovation, Science et Développement économique Canada ; Wendy Birkinshaw Malo, Cheryl Meek, Kate Lalumiere et James McKenzie, d'Emploi et Développement social Canada ; Harald Flex, d'ITSG GmbH, Allemagne ; Monika Wittstock, du ministère fédéral du travail et des affaires sociales, Allemagne ; Ola Grønning et Live Heltberg du ministère des collectivités locales et de la modernisation, Norvège ; Cláudia Gonçalves Barroso, Ana Cláudia Pereira, André Lapa, Jorge Sousa et Liliana Onofre de l'Agence pour la modernisation administrative, Portugal ; Farah Hussain, Nick Kalisperas et Jessica McEvoy de Government Digital Service, Royaume-Uni ; Niall Boyle et Heather Woodward de l'Office for Product Safety and Standards au sein du Department for Business, Energy and Industrial Strategy, Royaume-Uni.

Le Secrétariat exprime sa gratitude au gouvernement canadien et au gouvernement norvégien pour le soutien financier qu'ils ont apporté à ce projet.

Table des matières

Encadrés

Sigles et abréviations

AMA	Agence pour la modernisation administrative (*Agência para a Modernização Administrativa*, Portugal)
API	interface de programmation d'application
BNP	Bureau national de PerLE
BRC	Centre des registres de Brønnøysund
CMD	clé numérique mobile (*Chave Móvel Digital*, Portugal)
EDSC	Emploi et Développement social (Canada)
ELMER	projet Easier and More Efficient Reporting (Norvège)
GDS	Government Digital Service (Royaume-Uni)
iAP	plateforme d'interopérabilité pour l'administration publique (*Interoperabilidade na Administração Pública*, Portugal)
ISDE	Innovation, Sciences et Développement économique (Canada)
LBRO	Local Better Regulation Office (Royaume-Uni)
MADI	MyAlberta Digital ID (Canada)
PerLE	Permis et Licences d'Entreprise
PME	petites et moyennes entreprises
SCM	modèle des coûts standard
TIC	technologies de l'information et de la communication

Résumé

L'expression « guichet unique » possède un attrait politique immédiat. Elle sonne comme la promesse d'une administration débarrassé des formulaires ingrats et offrant aux entreprises et aux citoyens les commodités d'une interface épurée, pensée pour eux. De fait, les guichets uniques peuvent être un moyen très efficace de communiquer plus clairement les obligations réglementaires. Cela nécessite toutefois des investissements de départ et au long cours, ainsi qu'un changement d'attitude des pouvoirs publics vis-à-vis des effets de la réglementation dans la vie de tous les jours.

La manière dont les services sont fournis est un aspect essentiel de l'environnement réglementaire. L'adoption d'une loi ou un d'un règlement n'est que le début d'un processus. Une loi qui est mal mise en œuvre ne sert pas ses sujets. Devoir fournir plusieurs fois les mêmes renseignements à plusieurs administrations est une contrainte inutile, qui accapare le temps des citoyens au détriment d'autres activités. À cause d'une réglementation mal mise en œuvre, des entreprises ne verront peut-être pas le jour, et celles qui existent subiront une pression inutile. Les petites et moyennes entreprises pâtissent plus que les autres de cette mise en œuvre déplorable, car elles fonctionnent souvent avec des marges bénéficiaires très réduites et les coûts supplémentaires qu'elles supportent alors peuvent en forcer certaines à déposer le bilan.

Une chose dont se plaignent souvent les citoyens comme les entreprises est la difficulté qu'ils ont à trouver les bonnes informations sur les procédures administratives. Le rapport aide à démontrer que les citoyens et les entreprises ne sont pas – et surtout, ne devraient pas être – des experts des rouages de l'administration pour s'acquitter de formalités administratives telles qu'une demande de passeport ou le dépôt d'une déclaration fiscale. Une conclusion importante qui ressort du rapport est que des administrations séparées doivent travailler ensemble afin que les procédures administratives soient établies d'une manière qui serve au mieux les usagers, qui n'est peut-être celle qui préside à leur fonctionnement interne.

S'ils sont bien faits, les guichets uniques peuvent produire des résultats mutuellement bénéfiques pour les administrations et leurs clients, en améliorant à la fois les services et la discipline réglementaire. Les citoyens et les entreprises trouveront les formulaires voulus plus aisément, ils saisiront leurs données une fois pour toutes, ils accompliront leurs démarches plus facilement. Les organismes publics, quant à eux, recevront des renseignements corrects du premier coup et constateront des taux de conformité supérieurs qui permettront de réduire le volume des ressources employées pour faire appliquer la réglementation.

Il n'existe pas de modèle universel de guichet unique, valable en toutes circonstances. Les investissements publics consacrés à l'amélioration des services numériques augmentent régulièrement, certes, mais il y a toujours un besoin pour des guichets uniques plus classiques. Les administrations publiques doivent employer pour communiquer avec les citoyens et les entreprises les moyens que ceux-ci jugent les plus efficaces.

Le rapport montre la réalité des difficultés qui ont dû être surmontées au cours de la conception et de la mise en œuvre de guichets uniques dans un échantillon de pays membres de l'OCDE. En même temps, les principes ont été élaborés en partie autour de solides fondements de la bonne gouvernance publique. Ils font par conséquent écho à des mesures de politique publique éprouvées ainsi qu'à divers cas concrets de mise en place de guichets uniques.

Les guichets uniques devraient s'inscrire dans des stratégies globales de simplification de l'administration. Ils sont une composante critique de la mise en œuvre de la réglementation et peuvent permettre de maximaliser les gains potentiels des programmes de réduction de la charge réglementaire. Les guichets uniques devraient être centrés sur l'utilisateur et fondés sur des événements de vie. Ils peuvent ainsi contribuer à rapprocher les gouvernements de leurs administrés – citoyens et entreprises – de la façon la moins complexe possible.

Les Principes de bonne pratique pour les guichets uniques couvrent dix domaines :

1. Adhésion politique – Les guichets uniques ont besoin d'un soutien politique continu, y compris du plus haut niveau de l'État, pour fonctionner pleinement et se développer.

2. Direction – Les gestionnaires des guichets uniques doivent être ouvertement acquis à une culture de l'expérimentation. Des erreurs seront faites, mais ce qui importe, c'est qu'elles servent à créer les fondements d'une meilleure prestation des services à l'avenir.

3. Cadre juridique – Le repérage précoce des obstacles juridiques à la mise en place et au développement futur des guichets uniques est crucial pour éviter les retards de déploiement.

4. Coopération et coordination – L'aptitude (et la possibilité) qu'ont les agences gouvernementales à travailler ensemble pour mieux servir les citoyens et les entreprises est un facteur critique pour les guichets uniques.

5. Définition précise des fonctions – Exprimer clairement l'objectif visé par la mise en place d'un guichet unique est indispensable pour gérer les attentes tant internes qu'externes.

6. Gouvernance – Les dispositions générales sont importantes, en particulier pour les guichets uniques qui embrassent plusieurs niveaux de gouvernement, mais elles ne doivent pas régir la conception du guichet unique dans une perspective opérationnelle.

7. Consultation publique – Les citoyens et les entreprises constituent une précieuse source d'informations sur ce qui pourrait ou ne pourrait pas fonctionner ; ils peuvent aussi proposer des solutions à des problèmes repérés.

8. Communication et considérations technologiques – Les moyens de communication usuels du secteur devraient être reproduits autant que faire se peut. Les possibilités d'interopérabilité devraient aussi être repérées aux premiers stades de la conception des guichets uniques.

9. Capital humain – Au cœur d'un guichet unique qui fonctionne bien, se trouve le personnel qui le fait fonctionner. Comme toutes les autres parties de l'organisation, il nécessite des investissements. Il possède aussi une connaissance précieuse des activités quotidiennes.

10. Suivi et évaluation – Il importe d'évaluer si les guichets uniques continuent de répondre aux besoins des clients, ceux-ci pouvant évoluer avec le temps. Recueillir les avis des citoyens et des entreprises peut aider à établir ce qui fonctionne bien et ce qui peut être amélioré, et encourager une culture de l'amélioration continue au sein du personnel des guichets uniques.

1 Généralités et contexte

Ce document est le dernier d'une série de rapports publiés sous l'égide du Comité de la politique de la réglementation de l'OCDE. À l'instar d'autres rapports portant sur les « principes de bonne pratique », il développe les principes énoncés dans la *Recommandation du Conseil concernant la Politique et la Gouvernance réglementaires* de 2012 de l'OCDE.

On attend des principes exposés ici qu'ils soient pertinents et applicables à tous les pays membres et partenaires de l'OCDE. En conséquence, ils présentent des orientations générales plutôt qu'un ensemble ou une liste de règles à suivre. Certains sont délibérément ambitieux, et il est probable que peu de pays, voire aucun, seront en mesure de les respecter systématiquement. Tous se fondent et s'appuient cependant sur les expériences concrètes de différents pays ; ils ne sauraient donc être jugés irréalistes ou irréalisables.

Contexte

Les rapports des entreprises et de la population avec les autorités deviennent de plus en plus complexes. Cette complexité ne fait que refléter les réalités économiques à l'heure où l'interdépendance des entreprises, des citoyens et des administrations publiques va croissant, tant sur le plan national qu'international. Cependant, lorsque leurs échanges avec les entreprises et les particuliers sont inexistants ou laborieux, les pouvoirs publics risquent de brider inutilement les perspectives de croissance. Soucieux de remédier à ce problème, les gouvernements ont mis en place des guichets uniques de manière à réduire les coûts de transaction.

La prospérité économique est étroitement liée à l'instauration d'un climat propice aux affaires. Les mesures qui facilitent la vie des entreprises en activité et favorisent l'entrée sur le marché de nouvelles sociétés stimulent la compétitivité et la croissance. Si les règlements qui gouvernent le fonctionnement des entreprises sont importants, leur mise en application peut s'avérer difficile et coûteuse et, partant, décourager l'activité entrepreneuriale. C'est souvent lorsqu'ils traversent des périodes tendues que les particuliers sont amenés à entretenir des contacts avec l'administration publique. C'est par exemple le cas lorsqu'ils s'installent dans une nouvelle région, achètent un logement, ou perdent un membre de leur famille. Il importe donc que ces relations soient aussi sereines que possible. La *Recommandation du Conseil concernant la Politique et la Gouvernance réglementaires* de 2012 de l'OCDE (OCDE, 2012[1]) établit que les pays doivent « examiner les moyens par lesquels particuliers et entreprises devraient interagir avec les autorités pour satisfaire aux exigences réglementaires et réduire les coûts de transaction » et que les pouvoirs publics doivent « exploiter les possibilités offertes par les technologies de l'information et les guichets uniques pour les licences, permis et autres formalités requises afin de rationaliser la fourniture des services et de les axer davantage sur les utilisateurs ».

Le Secrétariat adresse ses remerciements au gouvernement du Canada, qui a apporté les financements initiaux nécessaires à la conduite de plusieurs études de cas en vue de définir un ensemble de principes de bonne pratique portant sur la conception, la mise en œuvre et l'amélioration continue de guichets uniques. Il remercie également le gouvernement de la Norvège qui a apporté les financements nécessaires à l'élargissement de ces travaux, et ainsi permis d'enrichir l'élaboration des principes.

Les pays et guichets uniques suivants ont été retenus pour les études de cas :

- *Canada.* Créé en 2005, **Service Canada** offre aux Canadiens un point d'accès unique à un grand nombre de services et de prestations publics, notamment à certains des programmes et services gouvernementaux les plus importants et les mieux connus, comme l'assurance-emploi et le Régime de pensions du Canada. Le projet **PerLE** a été lancé à titre expérimental en 2005, en collaboration avec un groupe de gouvernements participants. Il permet aux entreprises canadiennes de s'informer rapidement des permis et autorisations qu'elles doivent obtenir auprès des différents échelons du gouvernement pour créer et développer leur activité.
- *Allemagne.* Le portail d'information pour les employeurs *Informationsportal für Arbeitgeber* a été mis en place en 2017 dans le cadre d'une stratégie visant à réduire les formalités administratives. Il fournit aux employeurs, PME notamment, qui embauchent pour la première fois des informations sur leurs droits et obligations en matière de protection sociale.
- *Mexique.* Le site **Tu Empresa** a été établi en 2009 dans l'objectif de faciliter les procédures nécessaires à la création et à l'exploitation des entreprises. Il présente des informations sur les formalités d'ouverture, d'exploitation et de fermeture d'une entreprise au Mexique. Dans le cadre de la Stratégie numérique nationale, il a été intégré en 2015 à la plateforme *GOB.MX* ; en mars 2016, ses fonctions ont été élargies à l'autorisation de dénomination sociale et à l'enregistrement des actes de certaines catégories de sociétés.
- *Norvège.* **Altinn** est le guichet unique chargé de mettre en application la Directive « services » de l'Union européenne en Norvège. Les guichets uniques sont des portails d'administration électronique qui permettent aux prestataires de services d'obtenir les informations dont ils ont besoin et d'accomplir les procédures administratives en ligne. Ils fournissent des renseignements sur le cycle de vie de l'entreprise, depuis sa création jusqu'à sa fermeture. *Altinn* est un guichet unique à part entière, où les entreprises peuvent obtenir des informations concernant leurs obligations officielles, les financements, et les obligations de déclaration aux organismes publics, et remplir des demandes ou des déclarations en ligne.
- *Portugal.* Le portail **ePortugal.gov.pt** est le point d'accès à plus de 1 000 services publics fondamentaux ; il fournit des informations, des orientations et des services aux particuliers et aux entreprises, des conseils détaillés aux professionnels et à certaines catégories de la population (salariés, migrants etc.), et des renseignements sur l'administration publique et les politiques en vigueur. Structurés autour des événements de vie, les services proposés sont assurés par 590 organismes relevant du gouvernement central (17 ministères) ou des collectivités locales, et par des organismes privés.
- *Royaume-Uni.* Le site **GOV.UK** est le portail d'accès à 152 services publics essentiels. En tant que site du gouvernement britannique, *GOV.UK* couvre de très nombreux domaines de l'action publique, et s'adresse à la fois aux particuliers et aux entreprises. Le dispositif **Primary Authority** offre des avis juridiquement garantis adaptés aux besoins spécifiques des entreprises afin de les informer des procédures à suivre pour respecter la loi. Ces conseils sont fournis par les organismes de réglementation régionaux, dans le cadre d'échanges avec l'entreprise, ou avec les représentants des associations professionnelles ou franchises concernées.

Trois de ces guichets – *Altinn*, *ePortugal*, et *GOV.UK* – sont des guichets uniques nationaux désignés aux fins de la Directive « services » de l'Union européenne. Ils ont pour vocation d'aider les entreprises à créer de nouvelles activités dans d'autres pays de l'UE ; dans ce cadre, ils leur indiquent les règles et démarches à suivre et leur permettent de procéder aux formalités administratives. D'autres informations relatives à la Directive « services » et aux questions qui s'y rattachent figurent en annexe au présent rapport.

Après avoir reçu les questionnaires dûment remplis, le Secrétariat a mené une série d'entretiens avec des responsables publics nationaux afin de mieux saisir les spécificités de chacun des guichets uniques examinés. Les réponses aux questionnaires, associées aux entretiens, ont constitué l'assise des études de cas et des exemples évoqués tout au long du rapport.

Introduction

L'approche a consisté dans un premier temps à rappeler la raison d'être des guichets uniques. D'après les études spécialisées, quatre raisons interdépendantes peuvent présider à leur création :

1. L'amélioration de la coordination entre les administrations publiques et en leur sein
2. L'établissement d'un ensemble complet de services fonctionnels et axés sur l'utilisateur
3. La prestation intégrée de services diversifiés
4. La mise en place éventuelle d'un mécanisme de services publics décloisonnés (Askim et al., 2011[2])

Ils ont par ailleurs souvent pour finalité de réduire la charge réglementaire et administrative. Toutes ces raisons expliquent pourquoi les administrations publiques désireuses d'adapter et d'améliorer la prestation des services publics peuvent opter pour cette solution. Du point de vue économique, l'argument principal en faveur de l'établissement d'un guichet unique est l'amélioration du bien-être économique global résultant de la réduction des coûts de transaction. Ces derniers pèsent de manière disproportionnée sur les PME, et nuisent donc à la concurrence et au bien-être de la société. Qui plus est, des services gouvernementaux non structurés, où les citoyens ont du mal à s'orienter, induisent des coûts. Ces difficultés justifient l'amélioration de la prestation de divers services publics, le cas échéant.

On notera en premier lieu que les guichets uniques présentent une immense diversité. Certains opèrent par exemple dans des zones géographiques ou dans des domaines de l'action publique très précis, alors que d'autres comptent plus de 10 000 agents chargés d'assurer la prestation d'un éventail complet de services. D'autres éléments les distinguent, qui ont trait à leur portée ou à leur finalité, et aux outils de communication qu'ils utilisent. La conception, l'exploitation et l'amélioration de ces modèles très divers posent plusieurs problèmes spécifiques aux administrations publiques, ainsi qu'à leurs clients, à savoir les usagers des services. Les principes énoncés ci-après tiennent compte de ces disparités souvent considérables, et doivent donc être vus comme étant de nature globalement consultative, et non prescriptive, pour les pays. Il convient également de rappeler que l'importance relative de certains d'entre eux peut évoluer au fil du temps. Leur objectif est de couvrir les questions se rapportant aux principales étapes de la création, de l'exploitation et de l'amélioration continue des guichets uniques.

Un guichet unique réunit tout l'éventail de renseignements nécessaires sur un même lieu physique et (ou) virtuel, et peut offrir plusieurs services publics en un seul endroit. Les autorités administrent tout un réseau de bureaux où particuliers et entreprises peuvent procéder à diverses opérations avec l'administration. C'est par exemple le cas de la Hongrie, où un décret gouvernemental énumère la totalité des services disponibles (Gouvernement de Hongrie, 2019[3]). Les guichets uniques peuvent être installés dans des locaux publics existants ou nouveaux, ou faire appel au réseau de bureaux d'autres organismes publics.

Certains pays ont mis en place des guichets uniques d'information qui, parfois, apportent des conseils et des orientations concernant les démarches auprès de l'administration mais, généralement, ils ont pour vocation d'assurer la prestation de services publics. Il en existe deux modèles de base :

- *Les services spécialisés* – différents organismes publics fournissent leurs services en un même lieu. Normalement, chacun dispose de son propre guichet où ses agents et fonctionnaires assurent la prestation des services correspondants.

- *Services intégrés* – la prestation de services est organisée autour d'un événement de vie (naissance d'un enfant, création d'entreprise, etc.), de sorte qu'un seul agent peut effectuer l'ensemble des opérations nécessaires avec la personne ou l'entreprise concernée.

Le modèle privilégié de guichet unique en ligne consiste à fournir des services spécialisés ou intégrés (ou les deux) en fonction des besoins de l'utilisateur. Il s'agit en général de portails centraux couvrant l'ensemble de l'administration publique, bien qu'il en existe de plus restreints, qui interviennent aux côtés d'autres guichets spécialisés. Un certain degré de gestion et de contrôle est généralement assuré à l'échelon central pour veiller à l'homogénéité des prestations offertes aux usagers (à savoir une conception et une présentation similaires des différents sites), selon les services demandés. Les guichets uniques de ce type sont les plus complets en termes d'offre de services.

L'éventail de services ne se limite pas aux formalités de l'administration centrale – les guichets uniques peuvent fournir des services relevant des collectivités régionales et locales. Il est inutile d'organiser uniformément les bureaux et services sur l'ensemble du territoire national ; chaque bureau peut donc être adapté à la demande locale, aux moyens disponibles, et à la collaboration avec d'autres organismes à l'échelle locale.

En général, les guichets uniques fournissent des informations et (ou) servent de centre de transaction :

- Les portails d'information communiquent, par l'intermédiaire d'un guichet physique et (ou) d'un site internet, les renseignements concernant les formalités requises dans le cadre des relations avec l'administration publique.

- Les autorités ou guichets uniques permettent aux usagers de procéder à des opérations avec l'administration publique et de déposer des demandes pour bénéficier de différents services. Les usagers n'ont généralement pas besoin de contacter plusieurs organismes, le guichet unique faisant fonction de tierce partie qui leur fournit les services dont ils ont besoin. Ce modèle peut revêtir une forme physique, avec la création d'un réseau de bureaux où entreprises et particuliers peuvent traiter avec l'administration, ou virtuelle, un site internet unique offrant des services d'administration publique en ligne, ou encore une combinaison des deux.

Les guichets uniques peuvent offrir des services généraux ou spécialisés. Les premiers gèrent l'ensemble des formalités dans un domaine donné (services aux entreprises par exemple), les seconds traitent un ensemble spécifique de procédures (création d'entreprise par exemple). Ces deux formes de services peuvent coexister.

Les guichets uniques virtuels mis en place dans différents pays présentent des formes diversifiées et adaptées à la structure de l'administration publique, au cadre juridique, à l'infrastructure de TIC existante et à d'autres caractéristiques nationales. Il existe deux modèles fondamentaux de guichet unique en ligne :

- Les sites d'information, qui fournissent des renseignements sur les différentes démarches à effectuer pour satisfaire aux règlements administratifs. Ils permettent aussi aux usagers de dialoguer avec l'administration pour obtenir des réponses à leurs questions, de télécharger les formulaires, et de suivre les liens qui les renvoient vers les sites d'organismes où ils peuvent effectuer les formalités réglementaires en ligne. Ce modèle permet à un organisme central de regrouper les informations fournies par différentes agences, ou de créer un modèle de distribution grâce auquel différentes administrations publiques peuvent intégrer des informations au système.

- Les sites transactionnels, qui permettent aux usagers d'accomplir les différentes formalités en ligne et de traiter avec plusieurs organismes publics dans le cadre d'un processus intégré. Selon le degré de perfectionnement des interactions entre les systèmes de TI des organismes concernés, plusieurs solutions peuvent être mises en œuvre (Encadré 1.1).

Encadré 1.1. Types de sites transactionnels virtuels

Les guichets uniques transactionnels virtuels peuvent présenter les caractéristiques fondamentales suivantes :

- *Interconnexion des sites de l'administration publique en ligne* – le guichet reçoit les informations relatives au particulier ou à l'entreprise qui le consulte et réoriente ensuite l'utilisateur vers les sites des différents organismes en transmettant ces renseignements ; les données communes à plusieurs procédures (informations générales) ne sont ainsi demandées qu'une fois. Dans certains cas, les interfaces utilisateur sont conçues selon un ensemble de principes préétablis ; elles présentent donc une même physionomie, de telle sorte que les usagers ne se rendent pas compte qu'ils consultent les sites d'organismes distincts.

- *Interopérabilité des services de l'administration publique en ligne.* Le guichet unique intègre les systèmes des différents organismes intervenant dans le processus. Il suffit à l'usager d'utiliser l'application web du guichet, et celle-ci communique avec les autres organismes publics pour effectuer les opérations nécessaires. Généralement, ce type de modèle est mis en œuvre dans plusieurs organismes, créant ainsi des processus communs et une infrastructure technique homogène.

- *Modèles d'application uniformes.* Certains pays ont retenu l'approche plus élaborée qui consiste à créer à l'intention des différents organismes publics un modèle et une infrastructure uniformes pour les services d'administration publique en ligne. Un organisme public crée un ensemble de services en ligne et d'applications web, ainsi que l'infrastructure technique qui les soutient, et en publie ensuite les spécifications pour permettre à d'autres administrations de mettre en œuvre des services sur cette plateforme, suivant un modèle précis. Dans certains cas, la plateforme intègre des mécanismes de partage des données et, parfois, des bases de données communes contenant des informations de référence sur les particuliers ou les entreprises.

- *Modèles d'application décentralisés.* Ils ressemblent par certains aspects aux modèles d'application uniformes dans la mesure où il existe un modèle central et une infrastructure qui permet à d'autres organismes de l'utiliser. Ils vont toutefois plus loin en ce qu'ils décentralisent la responsabilité de la prestation de services. Pour ce faire, ils établissent généralement une plateforme de publication commune pour le contenu informatif (autrement dit, un site, plusieurs auteurs), mais autorisent la prestation personnalisée de services moyennant un point d'accès unique, chaque organisme étant responsable de la prestation de ses services. Ils adoptent par ailleurs une marque et un langage de conception communs pour guider la conception des échanges entre services au niveau de la page, associés à des outils et services réutilisables pour gérer des segments particuliers du parcours des usagers (identité, paiements, messages, hébergement, prise de rendez-vous, publication des résultats). Enfin, leur infrastructure de données prévoit des interfaces de programmation d'application (API) pour récupérer les informations et (ou) valider les entrées, auxquelles peut s'ajouter une plateforme d'interopérabilité.

Les principes présentés dans la suite du rapport se fondent sur un examen des études existantes et les contributions d'autres organisations internationales. Ils ont aussi bénéficié de travaux effectués par l'OCDE, notamment d'études portant sur la politique réglementaire et le gouvernement numérique. Plusieurs de ces principes sont étroitement imbriqués. Cela tient à ce qu'ils s'efforcent de couvrir la création, la conception, l'exploitation et l'évaluation des guichets uniques. En conséquence, les principes généraux sont évoqués tout au long du rapport, et des liens sont établis entre certains principes particuliers.

Références

Askim, J. et al. (2011), « One-stop shops for social welfare, the adaptation of an organizational form in three countries », *Public Administration*, vol. 89/4, pp. 1451-1468, https://onlinelibrary.wiley.com/doi/pdf/10.1111/j.1467-9299.2011.01933.x. [2]

Gouvernement de Hongrie (2019), *Government Decree about the government offices in the capital and the county, and the district offices in the capital 86/2019 (IV 23)*, https://net.jogtar.hu/jogszabaly?docid=A1900086.KOR. [3]

OCDE (2012), *Recommandation du Conseil concernant la politique et la gouvernance réglementaires*, Éditions OCDE, Paris, https://www.oecd.org/fr/gov/politique-reglementaire/Recommendation%20with%20cover%20FR.pdf. [1]

2 Principes de bonne pratique

Les principes développés ici reflètent des aspects communs reconnus comme importants dans les études de cas ainsi que dans des travaux antérieurs de l'OCDE et d'autres acteurs concernant les guichets uniques. Ces principes ont été éclairés par du contenu émanant du monde universitaire, de différentes sources gouvernementales et de la remontée d'informations des délégués des pays au Comité de la politique de la réglementation de l'OCDE. En particulier, le présent rapport s'appuie sur les travaux menés en amont et en aval de la *Recommandation du Conseil de 2014 sur les stratégies numériques gouvernementales* aux fins de la conception, de la prestation et du fonctionnement des services publics en vue d'accroître au maximum l'impact du numérique, des données et des technologies pour un meilleur accès des citoyens et des entreprises aux services (OCDE, 2014[1]).

Ces principes sont, par nature, d'application large. Il s'agit de s'assurer que les principales caractéristiques des guichets uniques ont été correctement prises en considération. En outre, le Secrétariat a été attentif à expliciter autant que possible les principes au moyen d'informations pratiques et d'exemples tirés des études de cas et de sources connexes. Dans cette perspective, les principes devraient être considérés comme une série de conseils et d'orientations, plutôt que comme une liste normative à suivre absolument. En particulier, le Secrétariat est très reconnaissant pour les discussions franches et ouvertes qu'il a eues avec les répondants aux enquêtes aux fins des études de cas. Ces échanges ont permis de mieux comprendre les enjeux et les difficultés qui président à la mise en place, à l'exploitation et à la révision des guichets uniques. Cela a également été l'occasion de présenter les principaux enseignements et éclairages rassemblés au fil des ans par le personnel et la direction de ces guichets uniques. Les futurs utilisateurs de ce document verront dans ces compléments, il faut l'espérer, un moyen utile de se familiariser suivant une approche plus pragmatique avec les principes énoncés.

Principes généraux

Les guichets uniques doivent répondre à deux principes fondamentaux :

- s'inscrire dans des stratégies plus larges de simplification de l'administration, et
- être centrés sur les utilisateurs et fondés sur des événements de la vie.

Les stratégies de simplification administrative ont d'abord été axées sur la quantification des lourdeurs réglementaires pour les entreprises, au moyen du modèle des coûts standard (SCM). Par la suite, le modèle SCM a été étendu pour permettre d'évaluer la charge de la réglementation pour les citoyens (Hurk, 2008[2]). Les modèles en question mesurent la valeur des coûts administratifs de la réglementation, et leurs forces et faiblesses sont relativement bien connues (OCDE, 2003[3]) (OCDE, 2011[4]). La simplification administrative est un moyen a priori attrayant pour les élus et les décideurs de se montrer proches de leurs électeurs et administrés, par exemple en annonçant des mesures « anti-paperasserie » ou « pro-entreprises ». Plusieurs pays ont instauré des guichets uniques répondant à une telle stratégie globale. Les guichets uniques ont toutefois des limites qu'il convient de garder à l'esprit ; par exemple, ils ne peuvent pas « réparer » des lois redondantes, inutiles, ou mal comprises ou appliquées.

Quoiqu'ils soient importants pour les raisons ci-dessus, les guichets uniques ne représentent qu'une partie du paysage réglementaire. Ils devraient être utilisés comme un moyen d'améliorer la prestation de services, de réduire les coûts de transaction et de renforcer le bien-être de la société, mais ils ne sont qu'un instrument parmi d'autres pour réduire la charge administrative au sens large. Le terme « charge administrative » désigne le coût résultant de la réglementation et revêtant la forme de demandes d'autorisations, de formulaires à remplir, de rédaction de rapports et de notifications au gouvernement (OCDE, 2006[5]). Bien entendu, la simplification administrative en soi n'est qu'un des outils disponibles pour améliorer la gestion réglementaire et renforcer la qualité de la réglementation (OCDE, 2003[6]). De ce point de vue, si les guichets uniques peuvent améliorer l'environnement réglementaire, ils n'offrent pas une solution unique mais font partie d'un réseau global. La création de plusieurs guichets uniques couverts par les études de cas du présent document s'inscrit dans des stratégies gouvernementales visant à améliorer l'environnement réglementaire général (Encadré 2.1).

Encadré 2.1. Mise en place de guichets uniques dans le cadre d'initiatives plus générales de réformes de la réglementation

Informationsportal für Arbeitgeber (Allemagne)

La création du portail d'information pour les employeurs (*Informationsportal für Arbeitgeber*) s'inscrit dans une démarche à plus long terme de transformation numérique et de simplification des obligations déclaratives des employeurs auprès des organismes de sécurité sociale. En décembre 2014, le gouvernement fédéral a officiellement intégré la création du guichet unique à sa stratégie globale de simplification administrative et de réduction des coûts de conformité pour les entreprises. Avec le Document d'orientation en vue d'alléger davantage les lourdeurs administratives pour les petites et moyennes entreprises, le gouvernement fédéral a adopté un large éventail de mesures destinées à réduire la bureaucratie et la paperasserie. Outre la mise en place du portail d'information pour les employeurs, ces mesures comprenaient notamment le développement du guichet unique pour la création d'entreprise (*Einheitlicher Ansprechpartner 2.0*). Le portail a été constitué juridiquement en 2016 par la loi n° 6 modifiant le volume IV du code de la sécurité sociale et d'autres lois (*Sechstes Gesetz zur Änderung des Vierten Buches Sozialgesetzbuch und anderer Gesetze*).

Primary Authority (Royaume-Uni)

La création du système de l'« autorité principale » (*Primary Authority*) a eu lieu à un moment où le gouvernement britannique avait à cœur de promouvoir une simplification administrative, au même titre que plusieurs autres réformes réglementaires. L'adhésion à l'idée de réforme à un haut niveau de l'État a été déterminée par les conclusions d'un examen de grande ampleur. Le « rapport Hampton » mettait notamment en évidence plusieurs problèmes liés aux services de la réglementation dans les collectivités territoriales, dont une application hétérogène des normes nationales. L'acceptation des recommandations du rapport Hampton par l'État a ouvert la voie à la création, en 2007, du Local Better Regulation Office, dont dépend le dispositif *Primary Authority*, élément d'une stratégie d'ensemble pour alléger la charge administrative au Royaume-Uni.

Sources : *Informationsportal für Arbeitgeber*, réponses à l'enquête 2019 de l'OCDE sur les guichets uniques ; *Primary Authority*, réponses à l'enquête 2019 de l'OCDE sur les guichets uniques.

Étant donné que le guichet unique est axé sur la prestation de services, il relève presque de la tautologie de dire qu'il doit être centré sur l'utilisateur. Les utilisateurs doivent être au cœur du guichet unique – de l'exposé des raisons de sa mise en place à l'évaluation de ses performances. Un certain nombre de guichets uniques des débuts avaient pour fonction de regrouper les informations sur les autorisations et permis, afin de réduire les coûts de recherche pour les entreprises – futures, la plupart du temps. Les coûts de recherche ont en effet diminué, mais pas autant qu'ils l'auraient pu (OCDE, 2003[3]) (OCDE, 2011[4]). Au fil du temps, les guichets uniques sont devenus un moyen de briser les silos de l'administration et de présenter les informations sous une forme plus profitable aux utilisateurs. Ces guichets uniques sont classés dans la catégorie des dispositifs répondant aux « événements de la vie » pour les citoyens et au « cycle de vie » pour les entreprises. Dans cette optique, les guichets uniques devraient viser à fournir une expérience de bout en bout à travers différents canaux de transaction (par exemple, la possibilité d'entamer une procédure par téléphone, de la poursuivre en ligne et de la conclure en présentiel). Ces guichets uniques collectent des informations d'une manière plus logique et plus utile pour les utilisateurs, même s'ils peuvent être plus chers à mettre en place pour les pouvoirs publics (au moins dans un premier temps). Un point important est que les utilisateurs n'ont pas à comprendre les rouages internes de l'administration pour pouvoir effectuer les opérations requises. Des guichets uniques courants pour les événements de la vie concernent la création, l'extension et la fermeture d'entreprises ; l'information sur et l'obtention de permis et d'autorisations à différents niveaux de l'administration pour une zone géographique donnée ; la naissance, le décès et le mariage ; l'achat d'un bien immobilier.

Tous les principes particuliers ci-dessous doivent être lus comme étant soumis à ces deux principes généraux.

Principes particuliers

Les principes de bonne pratique sont résumés à l'Encadré 2.2 et développés dans les sections qui suivent.

Encadré 2.2. Résumé des principes de bonne pratique des guichets uniques pour les citoyens et les entreprises

Principes généraux

- Les guichets uniques devraient s'inscrire dans des stratégies globales de simplification de l'administration.
- Les guichets uniques devraient être centrés sur l'utilisateur et fondés sur les événements de la vie.

Principes particuliers

Volonté politique

- Les guichets uniques doivent bénéficier d'un soutien politique fort et durable.
- La mise au point, le déploiement et l'amélioration des guichets uniques doivent faire l'objet d'une communication continue entre les niveaux politique et administratif.

Direction

- Les gestionnaires doivent s'engager à atteindre les objectifs du guichet unique et avoir la capacité de faire preuve de souplesse si les objectifs changent.
- Les projets doivent être réalistes.
- Les bonnes pratiques de gestion de projet doivent être suivies.
- Les guichets uniques doivent disposer de ressources financières et humaines appropriées.

Cadre juridique

- Les ajustements nécessaires doivent être apportés au cadre juridique afin d'assurer la coopération avec d'autres organismes et de permettre aux guichets uniques de maximaliser leur potentiel d'avantages nets pour la société.

Coopération et coordination

- Des canaux de communication et de remontée d'information robustes doivent relier les structures responsables de la planification des guichets uniques et celles chargées de leur mise en œuvre.
- L'établissement de relations solides et de canaux de communication permanents entre tous les organismes participants et les autres parties prenantes doit être recherché.

Clarté des fonctions

- Il convient de définir clairement ce qu'on demande aux guichets uniques et ce qu'on attend d'eux.
- La conception et la structure des guichets uniques doivent être axées sur les besoins et les exigences des utilisateurs, et fondées sur des consultations publiques, des études de marché et des projets pilotes destinés à cerner les besoins et les attentes des utilisateurs potentiels.

Gouvernance

- La structure de gouvernance choisie doit permettre d'inclure tous les organismes participants à la direction du guichet unique et d'obtenir un engagement politique à haut niveau.
- La gouvernance doit inclure des mécanismes permettant que les décisions opérationnelles soient prises par un seul organisme dirigeant le guichet unique.

Consultation publique

- Une consultation publique doit être réalisée pour déterminer si les guichets uniques sont la meilleure solution du point de vue des utilisateurs.
- Une phase d'expérimentation (« pilote ») doit être prévue et mise en œuvre pour tester les services avant leur lancement effectif et s'assurer qu'ils répondent aux attentes des utilisateurs.
- Le déploiement des guichets uniques doit être un processus progressif, dans lequel les enseignements tirés d'une phase sont pris en considération pour la mise en œuvre des phases suivantes.

Communication et considérations technologiques

- Les méthodes de communication utilisées doivent être celles qui seront les plus avantageuses pour les utilisateurs tout en tenant compte des problèmes d'accessibilité éventuels.
- Là où les renseignements ou l'assistance sont fournis par plusieurs canaux, le contenu doit être personnalisé de façon à aider au mieux les utilisateurs.

Capital humain

- Des ressources suffisantes doivent être affectées à la gestion du changement et des programmes de formation sur mesure doivent être conçus pour le personnel du guichet unique.
- La formation doit se concentrer non seulement sur les compétences techniques, mais aussi sur les compétences interpersonnelles et sociales.

> **_Suivi et évaluation_**
>
> - Des indicateurs quantitatifs et qualitatifs et des méthodes d'évaluation doivent être établis pour tester la performance et la qualité des services fournis aux utilisateurs.
> - Un processus d'amélioration en continu doit être appliqué.
> - Les modifications importantes à apporter aux guichets uniques doivent faire l'objet d'une analyse d'impact et d'une consultation publique appropriées avant d'être mise en œuvre.

Volonté politique

- ***Les guichets uniques doivent bénéficier d'un soutien politique fort et durable.***
- ***La mise au point, le déploiement et l'amélioration des guichets uniques doivent faire l'objet d'une communication continue entre les niveaux politique et administratif.***

Principe lié : Direction

L'adhésion de la classe politique est un ingrédient important de la réussite pour toute réforme de politique publique. Dans le contexte des politiques de la réglementation, « l'engagement politique en faveur de la réforme réglementaire est unanimement souligné, lors des examens par pays, comme l'un des principaux facteurs à l'appui d'une politique explicite sur la qualité de la réglementation » (OCDE, 2012[7]). Des travaux antérieurs indiquent aussi que la mobilisation politique est parmi les facteurs les plus critiques pour assurer la réussite des guichets uniques. L'existence d'un canal de communication permanent avec les niveaux politiques élevés permettant de transmettre des rapports d'avancement et d'obtenir de l'aide pour de surmonter les problèmes ou les difficultés qui surviennent est souvent notée comme une nécessité (OCDE, 2013[8]).

Les guichets uniques destinés aux entreprises sont généralement des projets séduisants d'un point de vue politique ; en effet, ils sont souvent axés sur les petites entreprises, qui, par leur diversité et leur dispersion, ne constituent pas une communauté à laquelle il serait facile de s'adresser collectivement. Cette caractéristique contribue à leur garantir l'adhésion politique, mais, au-delà, les guichets uniques pour les entreprises représentent aussi un canal de transmission non négligeable. Il est noté que les remaniements ministériels sont particulièrement néfastes à la communication, car ils viennent rompre les liens tissés entre la communauté des utilisateurs et les responsables politiques. Ils peuvent être source de contretemps qui retarderont la réalisation de changements indispensables pour le guichet unique (modification de l'infrastructure, par exemple), le temps que les nouveaux ministres se familiarisent avec leur portefeuille.

Il ressort des recherches que la volonté politique, sous la forme d'un engagement initial et continu, est essentielle à la survie et au développement des guichets uniques (Organisation des Nations Unies, 2005[9]). Les études de cas suggèrent qu'une mise en œuvre progressive peut être judicieuse afin de maintenir le soutien politique (Encadré 2.3).

Encadré 2.3. Assurer l'adhésion politique dès le début et tout au long du processus : le cas de GOV.UK

Le portail GOV.UK a été mis en place dans le cadre de la stratégie du gouvernement britannique pour la transformation numérique des services de l'État. GOV.UK a remplacé, en 2012, les deux grandes marques numériques de l'administration publique, « Directgov » et « Business Link », qu'il a réunis en un guichet unique, permettant ainsi aux particuliers et aux entreprises d'accéder aux informations dématérialisées et aux services transactionnels de tous les ministères, organismes publics et structures indépendantes via une adresse internet unique.

GOV.UK a été mis en œuvre en trois phases, *alpha*, *beta* et « *live* », grâce à la création d'une structure dédiée, le Government Digital Service (GDS), qui est l'instance responsable de la fourniture de contenu aux utilisateurs. Durant l'été 2010, un examen du principal site web du gouvernement de l'époque,

---

Directgov, a été mené. Les grandes conclusions de cet examen ont été consignées dans une lettre adressée au ministre du Cabinet Office. Outre mettre en évidence les domaines à améliorer, cet examen a également permis d'obtenir l'adhésion politique nécessaire à la création du GDS.

- Phase alpha – Le lancement en douze semaines de la version alpha de GOV.UK a contribué à renforcer l'adhésion politique aux recommandations de l'étude. Pendant cette période, a été annoncée la création du poste de Directeur pour le numérique au sein du Cabinet Office, avec fonction de coordination pour la transformation numérique des services de l'État à l'échelle du Royaume-Uni. Cette position centrale, au cœur de l'administration, a offert un soutien politique fort à la poursuite du développement de GOV.UK.

- Phase bêta – Un poste sur mesure a été créé pour aider l'équipe dans sa réflexion stratégique, en particulier pour définir comment le GDS serait expliqué aux ministres. Une fois démontrée la réussite du projet pilote, un financement de 10 millions de livres sterling a été obtenu, et annoncé par le ministre du Cabinet Office dans le cadre de l'initiative Identity Assurance (qui deviendra plus tard Verify) consacrée aux identifiants pour les services publics en ligne.

- Phase « live » (lancement) – Le 17 octobre 2012 a eu lieu la mise en ligne officielle de GOV.UK, remplaçant de Directgov et désormais unique portail central des services publics britanniques. De bons canaux de communication ont soutenu le processus tout du long ; après la publication, en juin 2019, de la stratégie de l'État pour l'innovation technologique (Government Technology Innovation Strategy), fruit du travail du GDS, le personnel a reçu, en octobre 2019, la visite du ministre de la mise en œuvre.

Sources : (Fox, 2010[10]), (GOV.UK, 2010[11]), (GOV.UK, 2011[12]) ; (GOV.UK, 2012[13]) ; (GOV.UK, 2013[14]), (GOV.UK, 2018[15]) ; (Government Digital Service, 2019[16]).

L'adhésion politique doit intervenir au bon moment. Pour cela, il faut un calendrier de développement judicieusement planifié, qui permette l'intégration de la contribution politique à toutes les étapes. Il s'est trouvé des cas où des décisions politiques visant la création de guichets uniques ont été prises sans aucune considération des questions de mise en place. Il s'en est suivi que le guichet unique a été mis en place de façon précipitée et que des problèmes non résolus au stade de la conception se sont ensuite répercutés sur les utilisateurs. D'autres guichets uniques ont esquivé cet écueil grâce à une planification réaliste du calendrier de conception et de mise en œuvre (Encadré 2.4).

Encadré 2.4. Exemple de mise en place par étapes d'un guichet unique – *Informationsportal für Arbeitgeber* en Allemagne

En Allemagne, la création du « portail d'information pour les employeurs » (*Informationsportal für Arbeitgeber*) a suivi une approche itérative, avec une séquence de phases de projet faisant intervenir les acteurs politiques et parties prenantes concernés. Le projet a été lancé en 2011, à l'initiative du gouvernement fédéral, qui a chargé le ministère fédéral du travail et des affaires sociales d'examiner dans quelle mesure il serait possible de simplifier et d'optimiser les canaux de déclaration entre employeurs et organismes de protection sociale. Dans la première phase du projet, qui a abouti à la conclusion que le portail d'information était une solution possible, un scénario de référence a été créé. Cela a fourni un aperçu des principaux éléments en jeu en matière de procédures commerciales, de mécanismes techniques et d'obligations de déclaration. Les coûts de conformité associés aux formalités administratives à l'examen ont pu être calculés avec l'aide de l'Office fédéral de la statistique. Une fois le scénario de référence établi, les domaines à améliorer ont été circonscrits et évalués au moyen d'une étude de faisabilité.

Dans la deuxième phase du projet, un prototype de portail d'information a été créé ; il a servi de base à la mise au point effective du guichet unique. Le prototype a été spécifiquement conçu pour les procédures de déclaration pertinentes, recensées dans la phase précédente du projet. La conception du prototype s'est en partie appuyée sur celle d'une plateforme similaire de la Health and Safety Authority irlandaise (http://besmart.ie/).

Le gouvernement fédéral ayant entériné en 2014 la mise en place du guichet unique, le ministère fédéral du travail et des affaires sociales a précisé les impératifs organisationnels et techniques du portail d'information dans un cahier des charges fonctionnel. Cette description a ensuite servi de plan directeur pour la mise au point du portail.

Sources : (Informationstechnische Servicestelle der Gesetzlichen Krankenversicherung GmbH (ITSG), s.d.[17]) ; (Informationstechnische Servicestelle der Gesetzlichen Krankenversicherung GmbH (ITSG), 2013[18]), *Informationsportal für Arbeitgeber*, réponses à l'enquête 2019 de l'OCDE sur les guichets uniques.

Direction

- *Les gestionnaires doivent s'engager à atteindre les objectifs du guichet unique et avoir la capacité de faire preuve de souplesse si les objectifs changent.*
- *Les projets doivent être réalistes.*
- *Les bonnes pratiques de gestion de projet doivent être suivies.*
- *Les guichets uniques doivent disposer de ressources financières et humaines appropriées.*

Les objectifs de la création de guichets uniques ont été abordés précédemment (voir l'Introduction). La plupart du temps, l'objectif principal est double : améliorer l'accès et faire baisser le coût de la prestation de services administratifs, mais sa réalisation n'est pas forcément expliquée en détail lors de la mise en place du guichet unique. Ce n'est pas obligatoirement un défaut a priori, car les guichets uniques qui jouissent d'un certain degré d'autonomie dans les méthodes de prestation sont plus aptes à s'adapter à l'évolution des besoins des utilisateurs. Cela dit, les études de cas ont révélé que l'orientation générale était déterminée par l'attitude de la direction et que celle-ci était cruciale pour l'adhésion aux changements au fil du temps (Encadré 2.5).

Encadré 2.5. Une gestion souple : un ingrédient majeur pour la réussite des guichets uniques

PerLE (Canada)

Le site web canadien PerLE (« Renseignements sur les permis et licences d'exploitation d'entreprise ») – BizPaL (*Business Permit and Licence Information*) dans sa version anglaise – a été créé en 2005, à titre expérimental, en collaboration avec un groupe constitué des gouvernements participants de deux provinces et d'un territoire. PerLE permet aux entreprises canadiennes de déterminer facilement les permis et licences dont elles ont besoin pour créer et développer une activité, ainsi que la façon de les obtenir. PerLE fournit des informations aux utilisateurs sur les exigences réglementaires à tous les niveaux de gouvernement.

Le Bureau national de PerLE (BNP) est chargé de gérer la structure de gouvernance centralisée ; il tient lieu de centre d'expertise, assure le développement du contenu fédéral du service, ainsi que la conception et le développement du site web.

> Dans une série de rapports d'évaluation, les répondants aux niveaux provincial-territorial ont reconnu que le personnel du BNP avait « fait un bon travail pour diriger le partenariat, coordonner les activités et obtenir les consensus », et ce, en dépit du fait que la fonction était devenue plus difficile avec l'accroissement du nombre de partenaires.
>
> Constatant que la gestion du contenu est l'un des plus grands défis du programme, le BNP a mis au point en 2012 un cadre de gestion de la qualité de l'information. Le défi était de taille, en effet, puisque les quelque 15 000 permis et licences en vigueur dans la base de données PerLE – et, surtout, l'actualisation de leur contenu – relèvent de la responsabilité des différentes administrations provinciales, territoriales et municipales partenaires. Le gestionnaire du projet PerLE dirige les travaux en cours pour offrir aux usagers une information localisable, accessible, précise, complète et concise.
>
> ### GOV.UK
>
> Dès le départ, GOV.UK a opté pour une « gestion agile » de la conception et de la fourniture de ses services. La démarche a commencé par un examen du principal site web du service public à l'époque, Directgov, appelant à une « révolution plutôt qu'une évolution » dans une lettre de recommandations adressée au ministre du Cabinet Office. Depuis, les décisions en matière de personnel, l'élaboration et l'expérimentation d'idées, ainsi que la recherche, la réception et l'incorporation des retours d'information dans les propositions se sont toujours faits dans un contexte de gestion favorisant l'expérimentation. Au cours du développement, certaines idées se sont révélées impraticables, mais cela n'a pas dissuadé l'équipe – au contraire, elle a tiré les leçons de ces difficultés et a répété l'expérience jusqu'à ce que soit trouvée une solution qui bénéficierait aux utilisateurs.
>
> Sources : (Fox, 2010[10]), (GOV.UK, 2010[11]), (GOV.UK, 2011[12]), (Gouvernement du Canada, 2011[19]), (Gouvernement du Canada, 2015[20]).

La direction du guichet unique doit impérativement mener une planification réaliste, en établissant des objectifs clairs et pratiques pour chaque phase, et en affectant un calendrier approprié à chaque tâche. Il importe de prendre en considération les voies et les goulets d'étranglement critiques, de façon à accorder une attention spéciale aux tâches effectuées par les organismes disposant de ressources limitées ou moins présents sur le guichet unique. Des problèmes ont pu naître de plans trop ambitieux, qui peuvent avoir un effet préjudiciable sur la prestation des services (Encadré 2.6).

> ### Encadré 2.6. Les objectifs initiaux de déploiement doivent être correctement fixés
>
> En 2007, les responsables du service PerLE fixaient un objectif pour le taux de mise en œuvre, censé atteindre la majorité des municipalités canadiennes (soit environ 1 825) en 2011. À cette échéance, toutefois, une évaluation révélait que le taux de mise en œuvre correspondait à moins de 20 % de l'ensemble des municipalités. En 2019, celles-ci n'étaient encore que moins de 1 100 à avoir adopté le dispositif.
>
> Un indicateur plus approprié aurait peut-être été la couverture nationale du guichet, qui, en 2011, représentait un peu plus de la moitié de la population canadienne. À la mi-2019, PerLE était offert dans des municipalités totalisant environ 80 % de la population du pays.
>
> Sources : (OCDE, 2009[21]), (Gouvernement du Canada, 2011[19]), (Gouvernement du Canada, 2019[22]).

Si la planification a de l'importance, il faut aussi tenir compte du fait que tout projet peut évoluer, ce qui est particulièrement vrai des guichets uniques. Une observation claire tirée des études de cas est que la croissance est généralement organique, plutôt que forcément prévue ou décidée. Ce phénomène devrait être considéré comme positif en termes d'exigences de service, mais il peut aussi engendrer des difficultés.

Comme c'est le cas dans les administrations publiques en général, les gestionnaires sont responsables en dernier ressort de l'obtention des financements ; les guichets uniques n'échappent pas à la règle. Lorsque la fourniture ou la prestation du service est de nature à constituer un bien public, on s'attendrait à ce que les coûts associés soient financés par des moyens budgétaires classiques. Pour les guichets uniques multi-organismes, divers modèles de financement peuvent exister, par exemple, lorsqu'un budget annuel est alloué, et est complété ensuite par les organismes participants (Encadré 2.7). Pour les guichets uniques s'adressant aux entreprises, il peut être justifié de chercher à recouvrer tout ou partie des coûts associés à la prestation des services. Cela peut toutefois poser son propre lot de problèmes (Encadré 2.8).

Encadré 2.7. Modalités de financement pour un échantillon de guichets uniques

Altinn (Norvège)

La solution norvégienne Altinn correspond au modèle le plus élaboré de guichet unique. En effet, elle est à la fois un portail commun de transactions et d'informations et une plateforme où les organismes publics peuvent proposer et administrer leurs services.

Les prestataires des services ont déployé quelque 1 000 formulaires et services sur la plateforme. Les particuliers et les entreprises y ont accès par la page « Formulaires » du site altinn.no.

Les dépenses annuelles liées aux coûts de gestion et de maintenance de la plateforme sont financées par des crédits spéciaux inscrits au budget annuel du gouvernement, sur une base pluriannuelle.

Le financement des coûts de développement fait l'objet de demandes annuelles adressées séparément aux ministères concernés. Si une demande est approuvée, les fonds sont inscrits au budget de l'État l'année suivante. Le développement de la plateforme s'effectue en fonction des besoins des usagers finaux et des prestataires des services, ces derniers pouvant financer des projets concrets dès lors que leur finalité s'inscrit dans la stratégie générale.

Les coûts de fonctionnement sont couverts par les organismes publics qui offrent des services sur Altinn, la part annuelle de chacun étant fonction du nombre de transactions engendrées par ses services sur la plateforme.

PerLE (Canada)

Chaque administration partenaire aux niveaux fédéral, provincial et territorial contribue financièrement au service PerLE en fonction de la part de la population que représente sa circonscription.

Une nouvelle formule technologique a été mise en œuvre et a permis de réduire considérablement les coûts de fonctionnement. Bien qu'il s'agisse évidemment d'une bonne nouvelle pour les participants, du fait des dispositions particulières relatives au compte de versement, cela implique que l'excédent de financement ne peut pas être facilement redistribué à d'autres secteurs. Cela s'explique aussi en partie par le fait que, si la prise de décision par consensus est l'une des forces de PerLE, dans ce cas, elle a été soulignée comme une faiblesse, car l'accord de toutes les parties était requis pour décider comment et où les fonds supplémentaires seraient répartis. PerLE a résolu ce problème avec un accord sur la modification de sa structure de gouvernance, ce qui lui a permis d'améliorer ses services régionaux au niveau provincial-territorial ainsi qu'au niveau municipal. L'un des enseignements tirés de cette expérience est que, si les parties avaient fait preuve d'un peu plus de prévoyance, les fonds excédentaires auraient pu être alloués ou économisés plus tôt.

Informationsportal für Arbeitgeber (Allemagne)

Avec la création du portail d'information pour les employeurs, sa réalisation et son exploitation ont été inscrites dans la loi et définies comme des tâches communes incombant aux organismes de protection sociale participant au guichet unique. La loi prévoit que les coûts d'investissement et de fonctionnement sont pris en charge par ces organismes conjointement. Ce principe a été inscrit dans le chapitre correspondant du code de la sécurité sociale, afin de fixer l'affectation des contributions financières respectives des différents organismes partenaires.

Pour la gestion et l'entretien du guichet unique, un comité directeur composé de représentants des organismes concernés a été créé. Ce comité décide chaque année du programme budgétaire et du portefeuille de services du portail.

Sources : _Altinn_ réponses à l'enquête 2019 de l'OCDE sur les guichets uniques ; _Informationsportal für Arbeitgeber_, réponses à l'enquête 2019 de l'OCDE sur les guichets uniques.

Les études de cas montrent que les autorités locales au niveau municipal subissent des contraintes financières particulièrement aiguës, alors qu'elles sont sans conteste responsables de l'élaboration de d'une bonne partie des normes et des règlements et sont souvent chargées, en outre, de l'application des lois fédérales. S'il est important de trouver des solutions à ce déficit de financement dans le contexte du guichet unique, il faut veiller à éviter de créer de nouvelles strates d'impôts locaux inutiles. De plus, les causes du problème ne se réduisent pas à un déficit de recettes, mais résident aussi, par exemple, dans la capacité locale de communication entre les agents et les organismes au sujet de diverses prescriptions réglementaires. Lorsque le mal vient surtout de problèmes communs, plutôt que localisés, il existe des possibilités pour réduire certaines des difficultés rencontrées par les municipalités. Ainsi, les municipalités qui offrent des services similaires peuvent gagner à coopérer à l'élaboration de solutions de transactions et à mettre en commun des solutions de développement. Par exemple, si l'infrastructure d'ePortugal repose sur un fondement uniforme central au niveau national, les synergies entre différents niveaux de l'administration publique offrent aux collectivités locales (communes) la possibilité de mettre en œuvre des solutions adaptées à leurs besoins (formulaires ou impôts ad hoc, par exemple). Le personnel d'ePortugal offre aussi une assistance de base aux municipalités afin de les inciter à utiliser le portail pour leurs services.

Encadré 2.8. Instaurer le recouvrement des coûts dans les guichets uniques : l'expérience du _Primary Authority_

Le dispositif _Primary Authority_ donne accès à des « avis certifiés » (_assured advice_) en matière de réglementation du commerce et du travail. Ces avis intéressent les entreprises et toute personne exerçant des activités commerciales au Royaume-Uni. Les avis de l'autorité principale au titre du dispositif sont actuellement disponibles dans les domaines suivants : hygiène de l'environnement, normes commerciales, et sécurité-incendie (notamment en ce qui concerne l'octroi des permis, la certification des installations de stockage de l'essence, et les licences relatives aux explosifs).

Les entreprises paient les collectivités locales, les services d'incendie et les instances de réglementation nationales pour les services fournis au titre du programme, facturés sur la base du recouvrement des coûts. Cette mesure assure à la fois la protection des services au public et la fourniture de conseils aux entreprises à un coût raisonnable.

Le modèle de financement fondé sur le recouvrement des coûts a soulevé des difficultés au début pour certaines collectivités locales, notamment au Pays de Galles, où il n'était pas courant que celles-ci facturent leurs services directement aux usagers. C'est pourquoi l'Office for Product Safety and Standards a organisé de vastes campagnes de promotion pour aider les collectivités locales à définir une structure optimale, et pour expliquer aux entreprises concernées les avantages du dispositif, ce qui a contribué à lever toutes les difficultés liées à l'adoption du modèle de recouvrement des coûts.

Source : *Primary Authority*, réponses à l'enquête 2019 de l'OCDE sur les guichets uniques.

Outre la définition de l'enveloppe de financement globale, la direction est également responsable de sa répartition, et l'affecte aux différents aspects du guichet unique. Selon les modalités de financement particulières du guichet unique, cela peut inclure des dépenses d'investissement et des dépenses d'exploitation. Les dépenses varieront et seront liées essentiellement au type de guichet unique. Par exemple, pour un guichet unique physique, les dépenses seront principalement liées à l'achat ou à la location de locaux et à la formation du personnel en contact avec les usagers. Pour les guichets uniques en ligne, les dépenses d'investissement porteront davantage sur l'acquisition ou la conception des moyens technologiques. La direction doit également allouer des fonds à la collecte des commentaires des utilisateurs et de leurs contributions aux modifications de conception futures, ainsi qu'à la formation du personnel (voir les sections ci-dessous).

Cadre juridique

- *Les ajustements nécessaires doivent être apportés au cadre juridique afin d'assurer la coopération avec d'autres organismes et de permettre aux guichets uniques de maximaliser leur potentiel d'avantages nets pour la société.*

Principes liés : Coopération et coordination ; Clarté des fonctions

Le cadre juridique est déterminant pour à la fois assouplir et restreindre la portée potentielle des guichets uniques. Les considérations juridiques autour d'un projet de guichet unique entrent dans deux catégories : celles qui concernent son établissement et celles qui touchent son fonctionnement. Les premières peuvent porter sur des aspects tels que les questions constitutionnelles – par exemple la répartition des pouvoirs entre les différents niveaux, ou ordres, de gouvernement. Les secondes peuvent se rapporter à des dispositions administratives internes – fixant, par exemple, dans quelle mesure les données peuvent être partagées (et à quelles fins). Dans les deux cas, il est important de recenser rapidement les obstacles éventuels et de déterminer s'ils peuvent être levés, et, dans la négative, comment cela pourrait jouer sur la faisabilité des guichets uniques (Encadré 2.9).

Encadré 2.9. Repérer les obstacles juridiques en amont du processus de conception-mise au point : le cas d'*Informationsportal für Arbeitgeber*

Dans les premières phases du projet qui a abouti à la création du portail d'information pour les employeurs en Allemagne, une étude de faisabilité a été réalisée. L'objectif de l'étude était de recueillir des suggestions de simplification des procédures existantes auprès des parties prenantes et des spécialistes, et d'évaluer ces suggestions selon un ensemble donné de critères. Outre s'intéresser aux possibilités de réduction des coûts de mise en conformité, l'évaluation a également examiné les implications juridiques possibles, notamment en matière de sécurité des informations et de protection des données.

L'une des conclusions de l'évaluation a été que, pour des raisons juridiques, les questions techniques liées à des cas particuliers ne pouvaient être traitées de manière concluante sur le site du portail, et devaient toujours être prises en charge par les organismes concernés. En conséquence, un avertissement a été ajouté au site pour informer les utilisateurs que les renseignements figurant sur le portail sont fournis à titre d'information et ne sauraient remplacer une évaluation juridique en bonne et due forme du dossier dans des cas particuliers relatifs à la sécurité sociale.

Sources : (Informationstechnische Servicestelle der Gesetzlichen Krankenversicherung GmbH (ITSG), 2013[23]) ; *Informationsportal für Arbeitgeber*, réponses à l'enquête 2019 de l'OCDE sur les guichets uniques.

Une source potentielle d'entraves réside dans les traditions historiques et les sentiers de dépendance de l'appareil administratif (Askim et al., 2011[24]). La conception des guichets uniques peut remettre en question la « façon de faire les choses » au sein des administrations, en particulier lorsque les guichets uniques sont fondés sur des événements de la vie qui concernent inévitablement plusieurs organismes. Cela soulève un certain nombre de questions connexes sur la résolution de ces difficultés grâce au recours à des organes de décision mixtes, à l'affectation de ressources, etc. Les études de cas soulignent que la création d'un cadre visant à favoriser la coopération entre les organismes dans la mise en œuvre des guichets uniques est un facteur de réussite essentiel. Le cadre devrait clairement énoncer les fonctions et les responsabilités des organismes publics participant à la conception et au fonctionnement des guichets uniques (Encadré 2.10).

Encadré 2.10. Cadre juridique pour un guichet unique multi-organismes : le cas de Service Canada

Service Canada a été créé en 2005 et constitue un point d'accès unique pour un grand nombre des programmes et services les plus importants et les plus connus de l'administration canadienne, par exemple le Services du Régime de pensions du Canada (RPC), de la Sécurité de la vieillesse (SV) et de l'assurance-emploi.

Les partenariats entre Service Canada et d'autres ministères ou niveaux du gouvernement sont gérés en vertu d'accords qui en définissent le cadre, notamment les fonctions et responsabilités, les considérations relatives à la confidentialité, au recouvrement des coûts et d'autres éléments. Le partenaire conserve la responsabilité du programme global et Service Canada assume celle de la prestation aux Canadiens (par exemple, Service Canada fournit des services de passeport pour le compte du ministère Immigration, Réfugiés et Citoyenneté Canada. Les accords entre institutions fédérales ne sont pas juridiquement contraignants ; ils constituent plutôt des ententes entre ces organismes.

Source : *Service Canada*, réponses à l'enquête 2019 de l'OCDE sur les guichets uniques.

La conception de guichets uniques pourrait amener les États à se demander comment leurs politiques en vigueur peuvent faire obstacle à la pleine réalisation du potentiel de ces outils. Les études de cas mettent en lumière un fort engagement exprimé pour le principe de « collecte unique » des informations destinées aux administrations. Cependant, les dispositions relatives au partage des informations et à la protection de la vie privée peuvent ne pas être adaptées aux guichets uniques fondés sur un modèle multi-organismes, dont la conception même peut imposer une communication et une prise de décisions plus ouvertes. Dans le cas des guichets uniques numériques, d'autres questions sont soulevées, telles que la soumission électronique des données, l'échange de données, les systèmes de signature électronique, le partage d'informations et l'éventuelle délégation de responsabilités ((Organisation des Nations Unies, 2005[9])). À titre d'exemple, au Royaume-Uni, la stratégie numérique du gouvernement a instauré un processus pour que le Cabinet Office travaille avec les ministères afin de supprimer les obstacles législatifs (Encadré 2.11).

Encadré 2.11. Suppression des obstacles législatifs : le cas de GOV.UK

La stratégie de transformation numérique des services de l'État publiée par le Royaume-Uni en novembre 2012 avait, parmi ses objectifs, celui de « supprimer les obstacles législatifs inutiles qui empêchent la création de services numériques simples et pratiques ». La stratégie a conduit à une série d'actions, le Cabinet Office étant chargé de travailler avec les ministères pour parvenir à la suppression des derniers obstacles législatifs. Les différents ministères ont rendu compte publiquement de leurs progrès, certains d'entre eux procédant à des examens de l'appareil réglementaire. Le processus a également eu un effet sur la culture organisationnelle au sein des ministères. Ainsi, le ministère de l'énergie et du changement climatique a fait savoir que « lors de l'élaboration de nouvelles législations, les décideurs politiques tiendr[aient] compte dès le départ de la prestation de services numériques, afin de, dorénavant, réduire au maximum les cas d'obstruction législative inutile ».

> Des rapports d'avancement ont été publiés ; il y était expliqué comment et où les ministères avaient modifié les lois pour qu'elles ne puissent entraver les possibilités de développement des solutions numériques. Les rapports mettaient en avant les économies de 1.7 à 1.8 milliard de livres sterling par an que ferait réaliser la fourniture des services par voie numérique.
>
> Sources : (UK Government, 2012[25]), (UK Government, 2013[26]), (UK Government, 2013[27]).

Quelle que soit la forme revêtue par le guichet unique, des garanties et des mécanismes appropriés doivent être mis en place pour protéger la vie privée des utilisateurs et pour collecter et conserver leurs données en toute sécurité. C'est pourquoi les pays ont établi des exigences formelles, y compris par voie législative, pour protéger les citoyens à tous les stades du cycle des données – collecte, conservation, transmission, utilisation, divulgation, élimination, diffusion. Afin de prévenir les problèmes de non-respect de la vie privée et du consentement, certains pays ont établi des droits en matière de données applicables aux entreprises et aux citoyens. Plus précisément, ils offrent aux citoyens :

- le droit de savoir quelles données les services de l'État détiennent à leur sujet ;
- le droit de savoir quels organismes publics ont un droit d'accès à leurs données ;
- le droit de savoir quels organismes publics ont utilisé leurs données et à quelles fins ;
- le droit de savoir quels organismes publics ont déposé une requête concernant leurs données ;
- le droit de ne fournir des données (personnelles) qu'une seule fois à l'administration (collecte unique) ;
- le droit d'accepter ou de refuser que les données qu'ils ont fournies à une institution publique soient partagées avec d'autres institutions et réutilisées par elles (OCDE, 2020[28]).

Le Canada et le Royaume-Uni appliquent systématiquement cette méthode tant aux particuliers qu'aux personnes morales. Ces pays ont mis en place des dispositifs concrets qui permettent aux citoyens et aux entreprises d'exercer leur droit de savoir quelles données les entités publiques détiennent à leur sujet. Au Royaume-Uni, ce dispositif est régi par la législation sur la liberté de l'information, tandis qu'au Canada, il entre dans le cadre des lois sur la protection de la vie privée et sur l'accès à l'information.

Au Portugal, les citoyens et les entreprises ont la possibilité de faire une requête sur des données et, dans certains cas précis, ils peuvent accepter ou refuser que les données qu'ils ont fournies à un service de l'État soient partagées avec d'autres organismes publics et réutilisées par eux (OCDE, 2020[28]).

Dans le contexte des études de cas précisément, le guichet unique Altinn a été mis à profit par l'administration fiscale norvégienne pour y déployer les formulaires de déclaration de revenus des salariés et des retraités. Les formulaires étaient préremplis au moyen des renseignements figurant au registre de l'état civil et des informations communiquées par les employeurs et les banques – de sorte que nombre de citoyens n'avaient plus qu'à cliquer sur « signer et envoyer » pour parachever l'opération. En 2008, la législation a été amendée afin de permettre de passer à l'étape suivante – en l'absence de modifications au formulaire, la signature et l'envoi n'étaient plus requis. Aujourd'hui, près de 70 % de salariés et de retraités utilisent ce mécanisme, dit « d'acceptation tacite ».

Des cadres juridiques souples offrent des possibilités de partage d'expériences et contribuent à créer une communauté de pratiques des guichets uniques. Les études de cas ont mis en évidence un certain nombre d'autres partages d'expériences (Encadré 2.12).

Encadré 2.12. Partages d'expériences et créations de « communautés de guichets uniques »

PerLE (Canada)

Le Bureau national de PerLE (BNP) est chargé de gérer la structure de gouvernance centralisée du site web de PerLE. Il a établi des relations avec des ministères fédéraux autres que ceux directement liés au service PerLE. Par exemple, Agriculture et Agroalimentaire Canada (AAC) a demandé au BNP des conseils et des enseignements tirés de l'expérience de PerLE, le ministère se préparant à mettre sur pied un outil semblable, AgPaL.

Primary Authority (Royaume-Uni)

Au Royaume-Uni, l'Office for Product Safety and Standards (l'administrateur du dispositif) organise fréquemment des événements auxquels sont largement conviés les utilisateurs du système de *Primary Authority*, afin de collecter des retours d'expérience. Cette formule procure aux fonctionnaires un retour d'information rapide, ce qui permet de rendre des comptes, de tenir les fournisseurs et les utilisateurs informés des possibilités nouvelles et de partager les meilleures pratiques.

Sources : (Gouvernement du Canada, 2011[19]) ; *Primary Authority*, réponses à l'enquête 2019 de l'OCDE sur les guichets uniques.

Coopération et coordination

- *Des canaux de communication et de remontée d'information robustes doivent relier les structures responsables de la planification des guichets uniques et celles chargées de leur mise en œuvre.*

- *L'établissement de relations solides et de canaux de communication permanents entre tous les organismes participants et les autres parties prenantes doit être recherché.*

Principes liés : Direction ; Gouvernance

Aux yeux des usagers, un aspect central des guichets uniques est la continuité du service public, en particulier lorsqu'ils recoupent plusieurs portefeuilles ministériels et (ou) différents niveaux d'administration. Du point de vue de l'usager, la coopération et la coordination entre administrations se font en coulisses – pour lui, la principale préoccupation est de savoir s'il peut facilement et rapidement recevoir des conseils et des orientations précis pour remplir les exigences réglementaires. Du point de vue des pouvoirs publics, toutefois, la coopération et la coordination représentent des risques majeurs pour la conception et le fonctionnement des guichets uniques.

Réfléchir aux organismes publics concernés est indispensable dans la mise en place de guichets uniques. Il faut se demander, par exemple, si le guichet unique doit être conçu selon une approche centrée sur l'utilisateur et fondée sur des événements de la vie (comme l'achat d'un logement, la création d'une entreprise, etc.) ; s'il pourrait être conçu dans l'optique d'un décloisonnement de services publics ; ou s'il existe des chevauchements entre ces deux possibilités. À ce stade, il est également essentiel que les administrations considèrent « ce qu'elles font » comme la prestation de bout en bout d'un bouquet varié de services publics. Il faut donc réfléchir à la manière dont des organismes publics différents coordonneront leurs actions et coopéreront avec les autres administrations publiques, associées ou non au guichet unique. Parmi les solutions possibles mises en évidence par les études de cas, on peut citer les processus de direction et de prise de décision conjoints, qui garantissent un engagement suffisant des différents participants, tout en contribuant à établir des lignes de responsabilité claires (Encadré 2.13).

Encadré 2.13. Exemples de modèle décisionnel dans des guichets uniques

PerLE (Canada)

Le Comité directeur de PerLE est la principale instance décisionnelle ; il doit prendre les décisions, tracer l'orientation stratégique et s'assurer que les objectifs commerciaux et les initiatives des territoires de compétence concordent. Chaque administration aux niveaux fédéral, provincial-territorial et municipal a droit à un siège au sein du CD. Les membres mettent en avant le point de vue de leur territoire de compétence respectif, tout en envisageant les choses plus largement sur l'horizon national pour orienter la gouvernance de PerLE dans les dossiers de nature horizontale, afin de favoriser une prestation efficace et harmonieuse des services. Le CD élabore les politiques, les procédures, les lignes directrices et les autres documents qu'ils jugent nécessaires pour s'assurer que le service PerLE tourne rondement.

> **_Altinn_ (Norvège)**
>
> Le Centre des registres de Brønnøysund (BRC) est depuis mai 2004 chargé de gérer, d'exploiter et de poursuivre le développement de la plateforme Altinn pour le compte des organismes et municipalités participants. Néanmoins, l'ensemble du processus repose essentiellement sur la coopération – l'interopérabilité entre les organismes.
>
> Le Directeur général du BRC prend les décisions stratégiques définitives, appuyé par un conseil d'orientation composé de neuf organismes publics participant à Altinn. Le Conseil est lui-même soutenu par un comité de direction composé de représentants de niveau inférieur et qui a été institué en tant qu'instance préparatoire du Conseil. Cette structure est intégrée à la composante opérationnelle d'Altinn. Le service Transformation numérique au sein du BRC est responsable de l'administration quotidienne d'Altinn et de la gestion des informations. Deux groupes de travail techniques relatifs à la gestion des services et à l'architecture technique apportent leur contribution aux volets de la prestation de services et du développement futur de la plateforme Altinn, respectivement.
>
> Sources : _Altinn_, réponses à l'enquête 2019 de l'OCDE sur les guichets uniques ; (Gouvernement du Canada, 2015[20]).

On trouve des exemples de collaboration formelle entre différentes parties. Ainsi, les modifications récentes du code allemand de la sécurité sociale ont effectivement créé un guichet administratif unique pour les différents organismes concernés auxquels les personnes handicapées ont affaire. Désormais, une seule demande est nécessaire pour entamer la procédure d'examen et de décision requise, même si par ailleurs les différents acteurs – le bureau de l'aide sociale, l'agence pour l'intégration, l'assurance pension, l'agence fédérale pour l'emploi, les assurances accident et dépendance – restent responsables de la fourniture des différentes prestations et services (Sozialgesetzbuch (SGB) Neuntes Buch (IX), sans date[29]).

Bien entendu, les administrations peuvent, elles-mêmes, créer des réseaux moins formels avec des organismes susceptibles d'être intéressés, afin d'aider les utilisateurs. Par exemple, l'initiative irlandaise Taking Care of Business offre aux entreprises la possibilité de rencontrer les agences et les bureaux de l'État pour savoir quelle assistance leur est proposée. Plus de 25 organismes publics ont participé à la réunion de 2018 pour fournir des informations aux PME, aux jeunes pousses et aux créateurs d'entreprises (Department of Business, Enterprise and Innovation, 2019[30]).

Un point à souligner est que tous les acteurs de la mise en œuvre ou de la gestion d'un guichet unique doivent être régulièrement tenus informés des objectifs du projet, de sa planification et de son évolution, et des résultats obtenus. Cet aspect est particulièrement important pour les fonctionnaires et les agents publics concernés par les changements organisationnels, et cela requiert des lignes de communication ouvertes et une remontée d'information aux gestionnaires par le personnel « de terrain » qui assure les opérations quotidiennes.

> ## Encadré 2.14. Coordination des administrations : le cas du _Primary Authority_ (Royaume-Uni)
>
> Les entreprises et les collectivités locales doivent déposer les demandes de constitution de partenariat par l'intermédiaire d'un système informatique établi et administré par les administrateurs du dispositif. Une fois le partenariat établi, la collectivité locale et l'entreprise concernées gèrent leurs propres relations. Elles sont encouragées à convenir de méthodes de communication avant d'établir le partenariat. Tous les avis rendus aux entreprises par une autorité principale doivent être publiés en ligne, au travers du _Primary Authority Register_.

> Dans le cadre du partenariat – généralement établi entre une entreprise et une collectivité locale – l'autorité principale dispense à l'entreprise des avis et des conseils dans certains de ses domaines de compétence (hygiène de l'environnement, normes commerciales, et sécurité-incendie, notamment en ce qui concerne l'octroi des permis, la certification des installations de stockage d'essence, et les licences relatives aux explosifs), et, par ailleurs, donne des avis et des conseils à d'autres autorités locales pour l'exercice de ces compétences en rapport avec cette entreprise.
>
> Source : *Primary Authority*, réponses à l'enquête 2019 de l'OCDE sur les guichets uniques.

Il peut arriver, dans la pratique, que des niveaux d'administration distincts aient à coordonner des tâches au même niveau territorial et sous la même direction en recourant à des dispositifs de guichet unique à l'échelon d'une collectivité territoriale afin de fonctionner au mieux (Christensen, T., A. L. Fimreite et P. Lægreid, 2007[31]). Il est intéressant de noter que ces exemples semblent concerner des cas où il n'y a pas nécessairement de caractéristiques uniques dans toute une zone géographique. Bien que des conseils personnalisés puissent être et soient fournis, les responsabilités qui se situent à des échelons inférieurs de l'administration peuvent aussi offrir des avantages pour les utilisateurs en procurant des conseils cohérents, les entreprises étant en effet souvent amenées à exercer des activités hors de la circonscription de leur collectivité locale (Encadré 2.14). Des considérations pratiques interviennent aussi concernant la coopération entre les administrations – par exemple, s'il peut être établi que les nouvelles relations seront fondées sur une compréhension commune de la manière d'atteindre les principaux objectifs d'un guichet unique, ou dans quelle mesure les éventuels problèmes structurels et culturels pourront être repérés dès le début de la conception, et comment ces problèmes pourraient être surmontés (Encadré 2.15). Les concepteurs doivent bien tenir compte du fait que les systèmes de l'ensemble du service public – et ceux des guichets uniques en tant que sous-ensembles – sont des projets de longue haleine dont la mise en œuvre prend du temps (Christensen, T. et P. Lægreid (dir. pub.), 2006[32]) (Pollitt, C. et G. Bouckaert, 2004[33]). L'acquisition de compétences, l'adoption d'une nouvelle culture organisationnelle et l'instauration d'une confiance mutuelle entre les organismes requièrent toutes une certaine patience (Christensen, T., A. L. Fimreite et P. Lægreid, 2007[31]). Plusieurs des guichets uniques étudiés existent depuis quelque temps déjà, et, au fil du temps, les fonctions et les responsabilités de certains d'entre eux se sont élargis.

Encadré 2.15. Mise en place de solutions techniques pour alléger les tâches de coordination

***Informationsportal für Arbeitgeber* (Allemagne)**

Dans le cas du portail d'information pour les employeurs en Allemagne, les responsabilités de gestion et de maintenance du guichet unique sont réparties entre plusieurs institutions. L'exploitation technique du site web proprement dit a été confiée à une structure existante sous la tutelle de l'Association nationale des caisses d'assurance maladie obligatoire. Les agents responsables du portail sont des techniciens spécialisés compétents pour l'exploitation et la maintenance de l'infrastructure informatique. D'autre part, la production et l'actualisation du contenu du site restent du ressort des différents organismes intégrés dans le portail.

Une condition essentielle était qu'il soit possible à des spécialistes de la sécurité sociale n'ayant pas de compétences de programmation de créer du contenu et d'actualiser le portail de manière autonome, ce qui a été rendu possible par un programme spécialement codé à cette fin, qui convertit automatiquement le contenu au format requis pour le site. La maintenance et la vérification du contenu peuvent ainsi être assurées sans intervention du personnel chargé de l'entretien de l'infrastructure informatique, ce qui permet de réduire la charge de maintenance et garantit une mise en œuvre rapide.

GOV.UK

Point d'entrée central des services publics au Royaume-Uni, GOV.UK est utilisé comme plateforme de publication par des milliers de contributeurs dans toute la fonction publique britannique, et géré de manière centralisée par l'équipe du Government Digital Service. Les différents services auxquels le portail donne accès sont fournis par des équipes réparties dans différents ministères, établissements publics et organismes. Celles-ci travaillent à partir d'un corpus de ressources couvrant des sujets tels que la conformité, les achats, les systèmes de conception et les solutions techniques, qui offre des raccourcis aux équipes pour fournir les services sans duplication des efforts. Ce travail est fait d'une manière qui préserve la qualité de service et l'expérience d'utilisation propres à un service public unifié et homogène.

Source : *Informationsportal für Arbeitgeber*, réponses à l'enquête 2019 de l'OCDE sur les guichets uniques ; (GOV.UK, s.d.[34]) ; (GOV.UK, s.d.[35]).

Plus généralement, il importe que des canaux de communication solides existent entre la direction et le personnel chargé de concevoir et d'exploiter les guichets uniques. Non seulement cela contribue à créer un sentiment commun d'appropriation du guichet unique et des objectifs à atteindre, mais cela permet également au personnel de signaler rapidement à la direction toute difficulté technique imprévue, et à la direction de communiquer vers le bas sur la garantie des financements, ou sur d'éventuels changements opérationnels tels qu'une réorientation stratégique, ou un élargissement ou rétrécissement de portée. S'il est important que la direction soit responsable de la définition des orientations stratégiques, les études de cas montrent que l'apport du personnel au niveau opérationnel est nécessaire pour éclairer ces décisions. Il peut fournir des enseignements précieux sur le fonctionnement du guichet unique, et, par exemple, indiquer les domaines dans lesquels les utilisateurs rencontrent des difficultés inhabituelles et qui peuvent nécessiter des investissements supplémentaires pour trouver de meilleures solutions. Cela aussi contribue à créer un sentiment d'appartenance commun, un facteur qui est reconnu comme central dans la réussite des guichets uniques.

Définition précise des fonctions

- *Les objectifs et les attentes concernant ce que les guichets uniques peuvent réaliser doivent être clairs.*

- *La conception et la structure des guichets uniques doivent être axées sur les besoins et les exigences des utilisateurs, et fondées sur des consultations publiques, des études de marché et des projets pilotes destinés à cerner les besoins et les attentes des utilisateurs potentiels.*

Principe lié : Suivi et évaluation

Les guichets uniques doivent avoir des objectifs clairs, fixés avant leur création. On s'assure ainsi que les attentes des utilisateurs sont correctement définies – et, ensuite, qu'elles sont satisfaites. Cela procure aussi des critères de mesure des résultats utiles, le moment venu, pour examiner le rendement des guichets uniques.

Les objectifs peuvent être énoncés de manière plus ou moins formelle au moyen de procédures et de guides d'exploitation, ou plus formelle par le biais de la législation (Encadré 2.16). Ce qui est compte, c'est qu'ils soient rendus publics.

Encadré 2.16. Un guichet unique aux objectifs clairement énoncés : *Primary Authority*

Le dispositif *Primary Authority* a été créé à un moment où le gouvernement britannique avait à cœur de promouvoir une simplification administrative, au même titre que plusieurs autres réformes réglementaires. L'adhésion à l'idée de réforme à un haut niveau de l'État a été déterminée par les conclusions d'une étude de grande ampleur dite « rapport Hampton ». Ce rapport mettait en évidence un certain nombre de problèmes liés aux services de réglementation des autorités locales, tels que les incohérences dans l'application des normes nationales, les difficultés résultant de l'absence de priorités fixées depuis le centre et les dysfonctionnements dans la coordination centrale et locale.

L'acceptation des recommandations du rapport Hampton par l'État a ouvert la voie à la création du Local Better Regulation Office. L'évaluation d'impact menée à l'occasion de la création du système de *Primary Authority* notait que le champ d'action de cette agence devait être élargi afin qu'elle puisse traiter spécifiquement les problèmes consignés dans le rapport. À cette fin, les objectifs fixés dans la loi pour le Local Better Regulation Office comprendraient :

- une plus grande cohérence pour les entreprises opérant dans plusieurs *local authorities* grâce à la création d'un régime légal du Primary Authority Partnership (partenariat d'autorité principale) ;

- l'application de la réglementation par les autorités locales d'une manière qui soit conforme aux Principles of Better Regulation (principes d'amélioration de la réglementation) par le biais d'orientations et de dépenses programmées ;

- une amélioration et un ciblage plus stratégique des politiques du gouvernement pour l'application des règlements par les autorités locales.

> L'existence d'objectifs énoncés clairement facile la compréhension par les utilisateurs de la fonction particulière du dispositif *Primary Authority*. Elle aidera aussi, le moment venu, à déterminer le rapport coûts-avantages du dispositif pour les contribuables britanniques, ce qui sera peut-être le travail de l'unité de renseignement nouvellement créée au sein de l'Office of Product Safety and Standards.
>
> Sources : (HM Treasury, Royaume-Uni, 2005[36]) ; (Department for Business, Enterprise & Regulatory Reform, 2008[37]) ; *Primary Authority*, réponses à l'enquête 2019 de l'OCDE sur les guichets uniques.

Il existe différents modèles de guichet unique, qu'il convient de prendre en considération dès le départ. Il y a par exemple des guichets uniques conçus comme un premier « port d'escale », où l'utilisateur trouve des informations générales et est dirigé vers d'autres lieux pour des informations détaillées ; d'autres, conçus comme une structure unique où l'on peut se procurer des services divers ; d'autres guichets uniques, encore, qui offrent des services plus complets et groupés (Kubiceck, H. et M. Hagen, 2000[38]). Cependant, la conception définitive doit refléter les besoins des utilisateurs et se fonder autant que possible sur la fourniture de services de bout en bout (Encadré 2.17). Ce sera la garantie d'une compréhension claire entre les propriétaires de guichets uniques et leurs usagers, avec énonciation de ce qui peut – et de ce qui ne peut pas – être fourni. L'expérience montre que des difficultés sont apparues là où les besoins des utilisateurs n'étaient pas suffisamment pris en considération. Par exemple, la direction d'Industrie Canada a reconnu cette erreur en laissant entendre que l'on aurait pu obtenir des niveaux de service plus élevés si l'on avait « réalisé d'entrée de jeu une meilleure analyse de l'environnement et de meilleures recherches sur les besoins des usagers pour déterminer si le service PerLE devait être lié plus directement aux autres outils en ligne ciblant les PME » (Gouvernement du Canada, 2011[19]).

Encadré 2.17. Faire le choix d'une conception axée sur l'utilisateur

Informationsportal für Arbeitgeber (Allemagne)

Le portail allemand aide les employeurs et créateurs d'entreprises à définir leurs obligations d'inscription et de déclaration auprès des organismes d'assurance sociale. Plus spécifiquement, le portail devrait aider ceux qui ont peu d'expérience préalable des démarches relatives aux cotisations sociales ou qui emploient du personnel pour la première fois. Le guichet unique a donc été créé en fonction d'un groupe cible clairement défini et d'une gamme de services relativement étroite. La conception du portail a ainsi été orientée vers les besoins de ce groupe cible spécifique. La conception axée sur l'utilisateur de l'interface de communication apparaît comme un élément déterminant du succès du portail en ligne. Le langage et le contenu du site ont été spécifiquement définis pour être accessibles aux usagers sans expérience préalable des questions de sécurité sociale et des services en ligne. Le portail est en outre conçu de manière à pouvoir fournir des réponses ciblées aux questions des usagers.

ePortugal

S'agissant de la mise au point du portail, plusieurs exercices de réflexion conceptuelle et d'étude des utilisateurs ont été réalisés, qui ont conduit à la création de personnalités virtuelles, de tests et de cycles de développement guidés par l'expérience de l'usager, fondés sur la collecte d'avis auprès des utilisateurs finaux (particuliers et professionnels du monde de l'entreprise).

Par exemple, parmi les exercices, les personnages ont été « incorporés » par des citoyens et des personnes venues du monde de l'entreprise qui ont participé aux séances de réflexion sur la conception, décrivant les contraintes rencontrées avec l'ancienne version du portail des citoyens et d'autres portails sectoriels, et proposant des idées pour le futur portail.

Des tests pour utilisateurs ont été réalisés, qui ont mobilisé la participation d'autres organismes publics et des utilisateurs finaux ; des représentants du monde de l'entreprise ont également été consultés pendant les phases de conception et de mise en œuvre. Ces intervenants ont surtout influencé les décisions relatives à la conception générale du système ou aux spécificités fonctionnelles que les tests d'ergonomie numérique ont fait ressortir.

Sources : *Informationsportal für Arbeitgeber* réponses à l'enquête 2019 de l'OCDE sur les guichets uniques ; *ePortugal*, réponses à l'enquête 2019 de l'OCDE sur les guichets uniques.

Différentes méthodes de recherche sur les utilisateurs peuvent être employées pour entendre et mieux comprendre les attentes du public, au nombre desquelles les groupes de discussion, les enquêtes et sondages, et d'autres techniques plus poussées. Ces méthodes devraient être associées à une expérimentation afin de vérifier que les attentes ont été satisfaites (Encadré 2.18). Elles devraient être mises en œuvre pour contribuer à éclairer l'objectif et la conception des guichets uniques, et séparément, devraient faire partie du processus général de suivi et d'évaluation.

Encadré 2.18. La compréhension des besoins des utilisateurs comme guide dans la conception : Altinn

En 2000, un groupe de référence interdisciplinaire sur les déclarations électroniques a lancé le projet ELMER (Easier and More Efficient Reporting), une collaboration entre le ministère norvégien du commerce et de l'industrie, la Confédération des entreprises norvégiennes et la Fédération des entreprises de commerce et de services norvégiennes.

Le projet a suivi six entreprises pendant un an afin de cartographier leurs obligations de déclaration et d'expérimenter des solutions simples de déclaration électronique utilisant une technologie familière. Entre autres, le projet ELMER a présenté un exemple de conception de formulaire web complexe. Avant tout, l'exemple a démontré que l'utilisation d'une technologie Internet simple ouvrait de nouvelles possibilités pédagogiques qui peuvent faciliter considérablement l'acte de déclaration auprès des administrations publiques. Par la suite, le projet ELMER a été la base initiale pour Altinn, le guichet unique lancé en 2003.

Source : *Altinn*, réponses à l'enquête 2019 de l'OCDE sur les guichets uniques.

Les différences de conception des guichets uniques ont d'importantes implications en termes de flux. Par exemple, les guichets uniques axés sur l'information peuvent ne pas accorder beaucoup d'attention à l'accessibilité des formulaires ou aux solutions de paiement pour les obligations réglementaires. Tout dépend, au demeurant, de la relation entre les organismes qui détiennent les informations et ceux qui se chargent de leur fourniture. Les études de cas mettent en lumière ces différences. Ainsi, Service Canada assure la fourniture d'un large éventail de services sociaux, en plus des services qu'il fournit pour le compte des autres ordres de gouvernement en partenariat avec les divers organismes responsables. À l'inverse, GOV.UK n'est lui-même responsable que d'une très petite partie de la fourniture globale de services, mais il s'agit d'un contenu « à fort trafic » qui représente une proportion importante de l'ensemble des utilisateurs ; mais il est également le point d'entrée unique par lequel passe la prestation de tous les services des administrations centrales. La prestation de services via GOV.UK se fait sur la base des outils et des ressources conçus et fournis par le Government Digital Service en tant qu'organisme chef de file pour l'ensemble des administrations.

Le rayon d'action précis des guichets uniques est une notion importante. Il faut savoir, par exemple, si le guichet unique aura une couverture étroite ou large des domaines de politique publique, et quelle sera la profondeur des informations mises à la disposition des usagers (Askim et al., 2011[24]). Un guichet unique ayant une portée étroite couvrira généralement un seul domaine ou quelques domaines des politiques publiques. Les guichets uniques dont la portée est plus large en couvriront beaucoup plus. Les guichets uniques peuvent aussi fournir une aide plus ou moins poussée aux usagers qui effectuent leurs démarches obligatoires. Ceux qui sont conçus pour dispenser relativement peu d'assistance ont généralement pour fonction première de renseigner les usagers et de les diriger vers des informations qui se trouvent ailleurs. Un exemple pourrait être une page internet de renvoi qui fournit des liens vers des sources d'information supplémentaires sur différents sites internet. En revanche, les guichets uniques qui sont constitués pour offrir plus d'assistance aux usagers sont en général des sites qui outre fournir des renseignements, procurent des conseils et des orientations spécifiques au coup par coup. Il est intéressant de constater qu'un certain nombre de guichets uniques offrent des services distincts aux citoyens et aux entreprises « sous le même toit », même si les formalités administratives qu'ils accomplissent pour ces usagers sont très différentes (Encadré 2.19).

Encadré 2.19. Exemples de guichets uniques ciblant à la fois les entreprises et les citoyens

Altinn (Norvège)

Le guichet unique norvégien correspond au modèle le plus élaboré en la matière. Altinn est à la fois un portail commun de transactions et d'informations, et une plateforme où les organismes publics peuvent proposer et administrer leurs services.

Les prestataires des services ont déployé quelque 1 000 formulaires et services sur la plateforme. Les particuliers et les entreprises y ont accès par la page « Formulaires » du site. Ses utilisateurs, entreprises et particuliers, peuvent y soumettre des formulaires et y recevoir des messages des organismes publics dans leur boîte de réception, autrement dit, engager un dialogue numérique.

Altinn a prêté une attention particulière à la collaboration entre les différentes institutions : les fonctions de déclaration et de retour d'information communes ont été adaptées aux processus opérationnels de l'usager, au-delà des frontières établies entre les organismes publics et les échelons administratifs. Cela a permis de diffuser les pratiques au sein des administrations et de discuter des expériences qui pourraient éventuellement être intégrées dans d'autres parties des services de l'État.

GOV.UK (Royaume-Uni)

GOV.UK est le point d'accès à 152 services publics essentiels, et couvre de nombreux domaines de l'action publique, comme la fiscalité, les transports, et la protection sociale. Il fournit des informations, des avis et des services aux particuliers et aux entreprises, ainsi que des conseils approfondis aux professionnels, et des renseignements sur l'administration et l'action publiques.

Dès le début, le principe a été de ne pas établir de distinction entre les besoins des « entreprises » et ceux des « particuliers », un même usager pouvant avoir l'un ou l'autre statut selon les moments. On a estimé que les citoyens n'avaient pas à connaître la structure de l'administration publique pour atteindre leurs objectifs. La question clé consistait plutôt à structurer le contenu de manière que le contexte permette à chaque public de repérer les rubriques répondant à ses besoins.

Sources : *Altinn*, réponses à l'enquête 2019 de l'OCDE sur les guichets uniques ; *GOV.UK*, réponses à l'enquête 2019 de l'OCDE sur les guichets uniques.

Gouvernance

- *La structure de gouvernance choisie doit permettre d'inclure tous les organismes participants à la direction du guichet unique et d'obtenir un engagement politique à haut niveau.*

- *La gouvernance doit inclure des mécanismes permettant que les décisions opérationnelles soient prises par un seul organisme dirigeant le guichet unique.*

Principe lié : Direction

Quelle que soit la quantité de services que les guichets uniques procurent aux usagers, des considérations de gouvernance entrent en jeu lors de leur conception. Ces considérations varient selon le type de structure envisagée pour le guichet unique. Par exemple, les questions de gouvernance associées à un modèle de guichet unique comptant relativement peu de participants de niveau similaire ont des chances d'être moins complexes que celles soulevées dans le cadre de guichets uniques réunissant un grand nombre d'organismes. Cependant, une étude révèle que les problèmes d'organisation sont souvent plus difficiles à résoudre que les problèmes techniques – la principale difficulté consistant à transformer la vision traditionnelle par service en un cadre plus collaboratif intégrant des objectifs communs (OCDE, 2013[8]).

Une autre considération est le niveau de gouvernement qui est concerné. Il peut être nécessaire de trouver un compromis entre le besoin de normalisation des administrations centrales et le besoin d'adaptation et de souplesse des niveaux infranationaux (Askim et al., 2011[24]). Dans certains pays où les responsabilités sont dévolues aux administrations infranationales ou partagées avec elles, des considérations supplémentaires peuvent concerner le type de modèle juridique le plus propre à faciliter le bon fonctionnement des guichets uniques (Askim et al., 2011[24]) (Sullivan, H. et C. Skelcher, 2002[39]). Ainsi, il n'existe pas de structure de gouvernance formelle entre GOV.UK et les administrations décentralisées du Royaume-Uni, qui disposent chacune d'une certaine autonomie pour dématérialiser leurs prestations de services locales. Cela permet par exemple d'orienter les utilisateurs vers les administrations décentralisées dont le contenu diffère sensiblement de celui de GOV.UK, et de présenter des informations spécifiques en gallois. Au niveau municipal, la *Local Government Declaration* (déclaration des collectivités locales) illustre la bonne volonté des *local authorities* à embrasser le changement culturel plus vaste porté par GOV.UK en matière de prestation des services (Ministry of Housing, Communities and Local Government, 2018[40]).

Un exemple tiré des études de cas est le modèle de gouvernance adopté par le guichet unique canadien PerLE (Encadré 2.20). La marge de manœuvre et le pouvoir discrétionnaire des autorités décentralisées semblent être des ingrédients importants pour permettre la prestation de services sur mesure. Cela a certainement été le cas pour le service PerLE, à propos duquel les partenaires participants ont déclaré que le modèle du service leur laissait suffisamment de latitude pour adapter leur manière de procéder à leurs besoins locaux spécifiques, tout en « donn[ant] l'occasion aux trois ordres de gouvernement de mieux connaître les environnements opérationnels et les défis des uns et des autres » (Gouvernement du Canada, 2011[19]). Ailleurs, la cohérence des avis a été une raison centrale de la création du guichet unique (cas du *Primary Authority* britannique, par exemple).

Encadré 2.20. Exemple de modèle de gouvernance de guichet unique

Le service PerLE est géré conjointement par un partenariat auquel participent le gouvernement fédéral et les gouvernements provinciaux, territoriaux et municipaux. Ce partenariat fonctionne selon un modèle commun de gouvernance et de partage des coûts, décrit dans la Lettre d'entente intergouvernementale (LEI).

Innovation, Sciences et Développement économique (ISDE) Canada dirige le service PerLE pour le compte du gouvernement du Canada, et en assure l'intendance par l'intermédiaire du Bureau national de PerLE (BNP).

Le BNP est chargé de gérer la structure de gouvernance centralisée ; il tient lieu de centre d'expertise, assure le développement du contenu fédéral du service, ainsi que la conception et le développement du site web. Le contenu de PerLE est également intégré au site web de chacun des partenaires provinciaux, territoriaux et municipaux.

Le Comité directeur, principal organe directeur de PerLE, est responsable de la prise de décisions. Chacun de ses membres représente son territoire de compétence (ISDE, ministères fédéraux, provinces, territoires, municipalités) ; cette perspective nationale plus large oriente la gouvernance du service PerLE, les questions horizontales étant abordées dans le cadre d'une approche fondée sur le consensus et associant l'ensemble des administrations publiques.

Le partenariat est financé par le biais d'un compte à fins déterminées auquel chaque partenaire verse une contribution annuelle. Les activités qui doivent être menées dans le cadre du partenariat sont énoncées dans le budget, qui est approuvé par le Comité directeur. Le modèle de partage des coûts défini d'un commun accord se fonde sur la population ; il couvre les frais d'hébergement et de maintenance du système, et le coût des activités liées à la fonction centralisée du service.

De précédents examens avaient mis en évidence des problèmes liés à la structure de gouvernance, principalement :

- la pression exercée par la croissance du partenariat et ses répercussions sur le modèle de financement en vigueur ;
- un accès limité à des conseils stratégiques et des relations structurelles non optimales nuisent actuellement à l'efficacité des processus de gouvernance de PerLE
- les relations entre les segments des secteurs de soutien ont été brouillées en raison de changements dans l'organisation et le personnel.

Une série de recommandations ont été faites pour améliorer la gouvernance de PerLE et les examens ultérieurs ont conclu que le modèle PerLE fonctionnait bien, sa réussite venant de « l'engagement et des efforts de collaboration des partenaires en présence ». Il a aussi été reconnu que le personnel du BNP avait fait un bon travail pour diriger le partenariat, en coordonnant les activités et en obtenant les consensus. Certains répondants des circonscriptions provinciales et territoriales ont dit que « l'initiative PerLE [était] le meilleur exemple de coopération fédérale-provinciale-territoriale à laquelle ils [avaient] jamais participé, et qu'ils suggéraient d'adopter l'approche du service PerLE dans le cadre d'autres initiatives fédérales-provinciales-territoriales. »

Sources : (Hallux Consulting, 2008[41]), (Gouvernement du Canada, 2011[19]), *PerLE*, réponses à l'enquête 2019 de l'OCDE sur les guichets uniques.

Se posent également diverses questions relatives au fonctionnement du « modèle » de guichet unique, par exemple, sur la manière de répartir les capacités de prise de décisions telles que l'allocation des ressources ou les domaines potentiels d'extension. Il existe plusieurs solutions envisageables, telles que les modèles avec institution chef de file ou encore les protocoles d'accord entre les administrations partenaires. Ces modèles possibles peuvent également couvrir des facettes telles que le degré de discrétion dans l'allocation des ressources, la gestion, le recrutement et l'organisation générale (Askim et al., 2011[24]).

L'intégration inter-institutionnelle soulève des questions de gouvernance qui devraient être prises en compte au stade de la conception du guichet unique. Par exemple, lorsque le degré d'intégration est faible – en ce sens que les services sont regroupés physiquement, mais gérés séparément –, les questions qui se posent ne sont pas les mêmes que lorsqu'il y a intégration relativement élevée entre les organismes publics assurant la prestation de services. Des exemples d'intégration plus poussée entrant dans la conception de guichets uniques sont les comités de gestion conjointe, les budgets conjoints et les stratégies de recrutement conjointes (Askim et al., 2011[24]). Un tel parti-pris peut offrir des avantages supplémentaires, peut-être inattendus, en « brisant les silos » grâce à une approche du gouvernement plus connectée (PWC, 2016[42]).

Consultation publique

- *Une consultation publique doit être réalisée pour déterminer si les guichets uniques sont la meilleure solution du point de vue des utilisateurs.*
- *Une phase d'expérimentation (projet pilote) doit être prévue et mise en œuvre pour tester les services avant leur lancement effectif et s'assurer qu'ils répondent aux attentes des utilisateurs.*
- *Le déploiement des guichets uniques doit être un processus progressif, dans lequel les enseignements tirés d'une phase sont pris en considération pour la mise en œuvre des phases suivantes.*

Principe lié : Suivi et évaluation

Comme pour toute réglementation en général, la participation active de l'ensemble des parties prenantes concernées au stade de l'élaboration contribue à « optimiser la qualité et la pertinence des informations obtenues » (OCDE, 2012[7]). Elle favorise également l'adhésion des parties concernées et fait naître un sentiment d'appropriation. Pour les guichets uniques, la consultation publique présente un intérêt particulier dans les contextes suivants : réalisation d'études de faisabilité ; enquêtes sur les supports de communication les plus susceptibles d'être utiles aux usagers ; évaluations périodiques du fonctionnement des guichets uniques. Le but de ces activités doit être de réduire au strict minimum le poids de charges administratives chronophages et, souvent, récurrentes. C'est pourquoi le suivi et l'évaluation sont importants pour l'amélioration continue des guichets uniques (voir la section suivante).

Les guichets uniques ne sont pas une panacée. Les concepteurs doivent se demander si un guichet unique est la meilleure solution pour réduire les coûts de transaction pour le public cible. Un certain nombre d'autres solutions plausibles peuvent exister, qu'il convient de soumettre au public afin que les usagers puissent donner leur avis sur l'expérience concrète qu'ils en ont et, ce faisant, contribuer à la détermination de la solution optimale. En général, on s'attendrait à ce que les études de faisabilité couvrent des questions telles que la portée du guichet unique ; l'ampleur et la nature de la demande en faveur du service envisagé ; les variantes de mise en œuvre et leur coût respectif ; les risques ; une évaluation du délai raisonnable requis ; et la stratégie de direction globale (Organisation des Nations Unies, 2005[9]). Les études de cas nous enseignent qu'il est relativement courant que la mise en place d'un guichet unique se fasse dans le cadre ou à l'issue d'un projet pilote. Outre les implications financières évidentes, cela impose aux administrations une forte discipline axée sur les résultats dès le départ. Cela a été particulièrement vrai pour la solution *Informationsportal für Arbeitgeber* en Allemagne et pour la création de *GOV.UK* au Royaume-Uni.

La consultation publique peut aider les concepteurs, une fois le guichet unique mis en service, à déterminer l'étendue des problèmes potentiels qui ont pu se concrétiser, et fournir une bonne base pour envisager tout projet d'expansion ou de fusion avec d'autres services publics (Encadré 2.21). Toutefois, il serait faux de conclure que les guichets uniques devraient automatiquement être étendus à partir du moment où ils montrent des résultats positifs confirmés. Pour les guichets uniques, le risque de dérive peut être important, et c'est pourquoi les changements de portée conséquent doivent être fondés sur des preuves obtenues dans le cadre d'un processus d'évaluation d'impact plus large (voir la section suivante).

> ### Encadré 2.21. Exemples de projets pilotes pour l'extension de guichets uniques
>
> #### Primary Authority (Royaume-Uni)
>
> L'initiative *Primary Authority* est le deuxième avatar d'un mécanisme de conseil aux chefs d'entreprise mis en place avec les collectivités locales (*local authorities*). Son précurseur, le dispositif non législatif *Home Authority*, était en place depuis plusieurs années et fonctionnait bien. Il a donc, en pratique, fait office de projet pilote pour les principes et l'administration d'un programme étendu.
>
> En se développant, le dispositif a acquis de nouvelles fonctions, telles que les « partenariats coordonnés » pour les groupements professionnels et les réseaux de franchise, qui ont été expérimentées avant que le nouveau programme ne soit entériné dans une législation.
>
> Le mécanisme de *Primary Authority* étant un régime volontaire, il n'y avait aucun risque de pousser les entreprises dans un système qui ne leur serait pas bénéfique. Par la suite, à mesure que le nombre de participants au programme augmentait et que remontaient les réactions, il s'est confirmé que la mise en œuvre n'avait pas créé de problèmes.
>
> #### Service Canada
>
> Le guichet unique *Service Canada* accorde une place privilégiée à l'expérimentation. Cette culture n'est pas le fruit d'une stratégie officielle, mais tient plutôt à ce que ses administrateurs estiment avoir pour fonction de satisfaire au mieux les besoins des usagers. Le guichet unique va, par exemple, expérimenter de nouvelles méthodes pour attirer les jeunes vers la composante « Innovation jeunesse » du Fonds pour l'accessibilité – un programme dans le cadre duquel les jeunes remplissant certaines conditions sont invités à aider un organisme à soumettre une demande de financement en faveur d'une meilleure accessibilité pour les personnes handicapées. Le programme examinera en outre les moyens de mettre en œuvre un nouveau mécanisme d'admission afin de dégager des gains d'efficience et de mieux répondre aux besoins des candidats. Par ailleurs, le ministère expérimente actuellement de nouvelles approches visant à réduire la charge administrative des organismes qui aident les populations vulnérables à accéder aux programmes de dons et de contributions et à éliminer les obstacles auxquels ils se heurtent dans cette démarche. Cette culture de l'expérimentation est en phase avec la priorité accordée par le Gouvernement du Canada à l'apprentissage continu et à l'innovation.
>
> Sources : *Primary Authority*, réponses à l'enquête 2019 de l'OCDE sur les guichets uniques ; *Service Canada*, réponses à l'enquête 2019 de l'OCDE sur les guichets uniques.

Il est important d'adopter une approche progressive dans la mise en œuvre des guichets uniques. Une telle approche permet de mieux comprendre les besoins des utilisateurs, ainsi que de mettre en lumière les difficultés et les défis dont on pourra tirer des enseignements utiles pour les évolutions à mettre en œuvre dans les phases ultérieures. Un exemple fourni par les études de cas est l'expérience de GOV.UK dans la mise en place de son outil de navigation par étape, qui a été conçu comme un moyen d'offrir un parcours de bout en bout sur le portail, en regroupant les conseils et les transactions en une série d'étapes (GOV.UK, s.d.[43]). Il a été reconnu que les services publics n'étaient pas toujours immédiatement intuitifs pour ceux qui les recherchent. Un exemple édifiant était celui de la procédure d'embauche au Royaume-Uni, pour laquelle il fallait faire des démarches auprès de cinq administrations différentes. Il a été décidé délibérément d'organiser le contenu en fonction des besoins des utilisateurs plutôt que de la structure existante de l'administration. Au bout du compte, au lieu d'être trié par administration et par service, le contenu de GOV.UK a été organisé en un système unique, à l'échelle du site, de sujets centrés sur l'utilisateur (GOV.UK, 2018[44]).

Plusieurs des études de cas mettent en avant une consultation publique visant à améliorer la qualité de la prestation de services (Encadré 2.22). Une telle démarche devrait aussi prévoir de donner l'occasion au personnel opérationnel de discuter des questions en jeu avec la direction. Cela peut aider à repérer les problèmes en amont, à obtenir les réactions des utilisateurs et à définir une orientation stratégique.

Encadré 2.22. Exemple de consultation publique dans le contexte d'un guichet unique

Primary Authority (Royaume-Uni)

La consultation publique entreprise dans le cadre d'une analyse d'impact pour la création du système de *Primary Authority* a mis en évidence deux questions importantes, à savoir :

- le risque d'un manque d'adhésion au projet en raison des coûts impliqués pour les autorités locales ;
- les conséquences indésirables d'une trop large fonction de contrôle dévolue à l'autorité principale concernant l'application de la réglementation par les autres autorités locales.

Les consultations ont conduit à décider de conférer la capacité de recouvrement des coûts aux collectivités locales lorsqu'elles participent au système, et de confier à l'autorité principale un pouvoir plus ciblé pour approuver les mesures d'application sur la base de la cohérence des avis déjà émis.

Le projet de loi introduisant les modifications posait aussi le principe d'une évaluation réglementaire qui devait couvrir, entre autres aspects, l'ampleur du recours au dispositif et l'efficacité du mécanisme de recouvrement des coûts.

Source : (Department for Business, Enterprise & Regulatory Reform, 2008[37]).

Communication et considérations technologiques

- *Les méthodes de communication utilisées doivent être celles qui seront les plus avantageuses pour les utilisateurs tout en tenant compte des problèmes d'accessibilité éventuels.*
- *Là où les renseignements ou l'assistance sont fournis par plusieurs canaux, le contenu doit être personnalisé de façon à aider au mieux les utilisateurs.*

Il est important de noter tout d'abord qu'il n'existe pas d'approche unique qui convienne à tous les pays ou aux différents niveaux de gouvernement au sein d'un même pays. La conception des méthodes de communication doit refléter le contexte national spécifique et être adaptée à l'objectif visé. Cela posé, il convient de rappeler que les guichets uniques sont des moyens d'acheminement des services publics selon une conception large. Il est essentiel de déterminer d'abord la finalité du guichet unique, puis la combinaison de méthodes qui appropriée pour atteindre au mieux cet objectif.

Les concepteurs doivent bien réfléchir au « visage » qu'aura le guichet unique. Par exemple, lorsque le guichet unique est censé renseigner les usagers en les orientant vers les différents endroits où ils trouveront des informations plus poussées, il convient de réfléchir à la meilleure façon de faciliter cette démarche. La formule la plus appropriée sera peut-être un site vitrine, ou une page de renvoi centrale, ou une option combinant plusieurs moyens de communication. Les méthodes de communication des guichets uniques devraient être déterminées par les préférences des utilisateurs. Là où les moyens de communication n'ont pas été pensés en fonction des besoins des utilisateurs, des difficultés sont apparues. Les concepteurs doivent connaître les modes d'interaction des utilisateurs avec les organismes publics, pour qu'à l'arrivée, les attentes des utilisateurs soient satisfaites (Encadré 2.23).

La majorité des études de cas concernent des services fournis par le biais de plusieurs canaux de communication. En général, cela se traduit par une combinaison de site vitrine, centre d'appel et plateforme en ligne. Certains modes de communication spécifiques ne s'adressent qu'à un groupe d'utilisateurs. Par exemple, au Portugal, les « espaces citoyens » (*Lojas de Cidadão*), sont des points d'accès installés dans différents sites physiques, offrant l'assistance d'un agent spécialement formé, créés spécifiquement à l'intention des personnes qui n'ont pas accès à l'internet ou qui ne sont pas à l'aise avec son maniement. Ils permettent d'effectuer en ligne un grand nombre de démarches auprès des organismes publics et des services de l'État – service des permis de conduire, administration fiscale, caisse d'assurance maladie... Les *Lojas de Cidadão* offrent un service de meilleure qualité, plus efficace et plus proche des usagers, tout en contribuant au développement de la culture numérique (Administrative Modernisation Agency, 2016[45]).

Encadré 2.23. Exemples de guichets uniques intégrant la compréhension des attitudes et des préférences des utilisateurs

Altinn (Norvège)

Le guichet unique norvégien Altinn a adapté son identité visuelle en ligne depuis sa création en 2003. Héritée du projet ELMER, celle-ci reposait en partie sur les conclusions d'une étude menée pendant douze mois auprès de six entreprises pour cerner leurs pratiques effectives en matière de conformité réglementaire. Au fil du temps, la présentation du portail a évolué, sur la base d'entretiens et de tests utilisateurs d'où il ressortait, par exemple, que les gens avaient peur de se tromper quand ils étaient dans Altinn. Une autre observation était qu'il y avait souvent trop d'informations disponibles pour les besoins de l'utilisateur moyen.

Pour corriger ces défaut, Altinn a fait peau neuve, adoptant une nouvelle présentation et un langage plus humain. La nouvelle présentation est plus lumineuse, avec une palette de couleurs plus conviviale et une interface plus simple intégrant une interaction claire des éléments et des illustrations sur les pages d'accueil et d'information.

PerLE (Canada)

Dans le cadre d'une évaluation du fonctionnement du guichet unique canadien, une étude a été menée spécialement dans le but de mieux comprendre les besoins et les attentes des propriétaires d'entreprise et des intermédiaires professionnels qui aident les entreprises (avocats, comptables, employés chargés du développement économique, etc.). La méthode de recherche incluait des groupes de discussion et des entrevues interactives auprès des utilisateurs. En voici les principales conclusions :

- Internet et les contacts en personne sont considérés comme les meilleurs moyens d'obtenir des renseignements d'affaires des gouvernements ;
- les utilisateurs s'attendent à obtenir du gouvernement des renseignements commerciaux généraux, des renseignements sur la réglementation et des renseignements sur le financement ;
- les utilisateurs considèrent qu'Internet peut potentiellement réduire la paperasserie et accélérer les processus de demande ;
- certains attendent des renseignements concrets liés aux exigences réglementaires, y compris des indications précises sur les ordres de gouvernement avec lesquels traiter à propos des différents règlements, ou encore des éléments de référence pour mieux comprendre la réglementation qui relève de chaque ordre de gouvernement.

> Au vu de ces conclusions, PerLE a entamé une mise à niveau pour permettre la transmission de documents par voie électronique. Malgré les préférences des utilisateurs pour les moyens Internet, un examen récent a révélé que seulement 3 % de la base de données des permis et licences de PerLE pouvaient être téléchargés, demandés par voie électronique et acheminés en ligne. Les trois quarts environ des permis et licences en vigueur dans PerLE relèvent du niveau municipal.
>
> Sources : (Gouvernement du Canada, 2011[19]) ; (Gouvernement du Canada, 2015[20]) ; *Altinn*, réponses à l'enquête 2019 de l'OCDE sur les guichets uniques ; *PerLE*, réponses à l'enquête 2019 de l'OCDE sur les guichets uniques.

Les questions de facilité d'utilisation et d'accessibilité en général ont été des éléments importants dans les premières étapes de la conception d'ePortugal. Le Portugal délivre un label d'accessibilité et de facilité d'utilisation qui distingue les sites web et les applications mobiles mettant en œuvre les meilleures pratiques en la matière. Le label a été mis au point par l'Agence pour la modernisation administrative (AMA) en collaboration avec l'Institut national pour l'insertion des personnes handicapées. Il vise les actions qui contribuent à faciliter et à simplifier l'utilisation des services publics en ligne pour les citoyens, et plus spécifiquement pour les personnes handicapées qui ont besoin d'une technologie d'assistance pour interagir avec les ordinateurs et les appareils mobiles. En plus du certificat d'accessibilité, ePortugal offre des services spécifiques d'assistance aux particuliers et aux entreprises, avec des lignes téléphoniques dédiées, mais aussi un agent conversationnel à intelligence artificielle. L'agent conversationnel SIGMA aide les usagers à obtenir des renseignements sur les services disponibles sur le portail ; par son intermédiaire, les utilisateurs peuvent également demander à être contactés par l'un des services d'assistance pour une aide plus personnalisée.

En ce qui concerne les guichets uniques multi-organismes, les études de cas indiquent que la navigabilité du site est importante pour les utilisateurs. Par exemple, lors de l'élaboration de l'habillage graphique et ergonomique de GOV.UK, il a fallu plusieurs cycles de développement et de retour d'information avant de se mettre d'accord sur la conception initiale du site. La présentation uniforme des pages web d'un guichet unique rassure ses utilisateurs en leur confirmant qu'ils traitent avec la bonne administration et les met en confiance. Toutefois, il est également reconnu que le contenu peut devoir être personnalisé lorsque les usagers ont besoin de plus ou moins d'aide pour remplir les formalités réglementaires, en fonction du domaine.

Les études de cas soulignent que les guichets uniques multi-organismes offrent différents niveaux de service sur l'ensemble de la gamme de services fournis. Par exemple, Service Canada offre un service en ligne, par téléphone ou en personne, dans les deux langues officielles. Actuellement, tous les services du portail ne peuvent pas être exécutés en ligne de bout en bout. À mesure que son offre de services en ligne s'étoffe, elle intègre des programmes qui peuvent être très divers du point de vue des services et des informations en ligne qu'ils contiennent. Service Canada dispose aussi de centres d'appel spécialisés qui proposent un soutien et des informations plus poussés sur un certain nombre de programmes et de processus plus complexes. Le niveau de service dans l'ensemble des services ou des canaux peut dépendre de facteurs tels que la complexité et le volume.

Un aspect critique de la communication est celui des données. Lorsqu'ils traitent avec le service public, les usagers ne devraient avoir à fournir qu'une fois les renseignements qui leur sont demandés, ceux-ci pouvant par la suite être réutilisés à de multiples fins, dans des applications créées en interne ou en partenariat avec d'autres organismes publics. À cet égard, une nécessité se fait jour : celle de disposer de mécanismes universels existent pour l'identification et l'authentification des utilisateurs. En Norvège, par exemple, la plateforme ID-porten est une solution commune utilisée pour l'authentification sur tous les portails des services publics. Les cartes d'identité électroniques sont actuellement au nombre de cinq : MinID, BankID, BankID pour les téléphones mobiles, Buypass, et Commfides ou Buypass ID pour les téléphones mobiles (Encadré 2.24).

Encadré 2.24. Procédures d'identification et d'authentification dans des guichets uniques

Altinn (Norvège)

Depuis le début, en 2003, les utilisateurs d'Altinn sont identifiés de manière unique par leur numéro de sécurité sociale, sur la base des informations fournies par le registre norvégien de l'état civil. À l'origine, Altinn a dû établir sa propre procédure d'authentification, mais il existe maintenant un service national d'authentification (ID-porten). Étant donné la gamme de services offerts par Altinn, il fallait aussi connaître les interlocuteurs concernés dans les entreprises. Pour cela, Altinn utilise le Registre central de coordination des entités juridiques.

L'identification des personnes physiques et morales est nécessaire pour pouvoir pré-remplir les formulaires avec les informations déjà connues par le secteur public, et leur donner accès à leur compte ou à celui de l'entreprise, ainsi qu'à l'historique de leurs échanges antérieurs avec Altinn.

GOV.UK

Le Government Digital Service (GDS), responsable de GOV.UK, a été à l'initiative du développement de GOV.UK Verify, conçu comme une infrastructure pour l'identité numérique, pouvant être utilisée dans le cadre des services de GOV.UK et dans d'autres secteurs des services de l'État.

GOV.UK Verify vise à fournir un service sûr, sécurisé et simple qui permettra aux personnes de prouver leur identité en ligne afin d'accéder aux services dont elles ont besoin. Sept « fournisseurs d'identité » du secteur privé ont été certifiés conformes aux normes gouvernementales. Un utilisateur de services publics numériques peut faire appel à un fournisseur d'identité pour vérifier son identité (par exemple, au moyen d'une série de questions, des informations financières, d'une photo, etc.). Les fournisseurs d'identité utilisent différentes méthodes pour vérifier l'identité. L'identité numérique qui en résulte est conservée par le fournisseur d'identité et peut être utilisée dans toute transaction ultérieure. L'équipe de GOV.UK Verify fournit le point d'intégration aux services des administrations. Des entreprises privées fournissent la technologie et l'environnement opérationnel du fournisseur d'identité.

Service Canada

Le ministère de l'Emploi et du Développement social du Canada a sa première stratégie pour améliorer la culture de la protection des renseignements personnels à l'échelle de l'organisation. Un comité de la protection des renseignements personnels, créé dans le cadre de la structure de gouvernance de la protection des renseignements personnels, dirige la stratégie, destinée à améliorer les conditions dans lesquelles les usagers fournissent leurs informations et à renforcer la sécurité de l'utilisation qui en est faite. La gérance intervient pour que l'accès aux renseignements personnels, leur authentification et leur utilisation se fassent de manière à permettre à l'organisation de mieux servir ses usagers. Sont aussi mis en place les mécanismes nécessaires pour établir quels sont les renseignements personnels dont le ministère dispose et comment ils peuvent être utilisés (par exemple, les renseignements dont il est maître peuvent faire l'objet de l'application du principe de collecte unique et être transmis à travers les différents canaux avec une plus grande garantie de confidentialité et de sécurité). Le ministère envisage également de créer un modèle fondé sur les fonctions qui améliore l'accès aux renseignements personnels et leur analyse tout en réduisant les risques pour la confidentialité et la sécurité des données, dont l'accès est réglementé, la conservation effectuée dans des environnements sécurisés et la réplication réduite au minimum.

Sources : *Altinn*, réponses à l'enquête 2019 de l'OCDE sur les guichets uniques ; *GOV.UK*, réponses à l'enquête 2019 de l'OCDE sur les guichets uniques ; *Service Canada*, réponses à l'enquête 2019 de l'OCDE sur les guichets uniques.

Service Canada participe actuellement à l'initiative MyAlberta Digital ID (MADI), un projet pilote mené par deux organismes fédéraux en collaboration avec la province de l'Alberta. Il s'agit de l'acceptation par le gouvernement fédéral d'une identité numérique déjà acceptée par une autorité de confiance au niveau provincial, conformément au cadre de confiance pancanadien. MADI permet aux utilisateurs d'avoir une interaction simplifiée, rationalisée et transparente avec les services en ligne provinciaux et fédéraux. Les utilisateurs se connectent en utilisant leur identité provinciale et, à partir de là, ils peuvent immédiatement accéder et s'inscrire aux programmes fédéraux et n'ont donc besoin que d'un seul nom d'utilisateur et d'un seul mot de passe pour accéder aux services en ligne provinciaux et fédéraux.

L'une des principales raisons d'être des guichets uniques étant de réunir des administrations, les questions d'interopérabilité doivent être abordées. Ces questions concernent plus particulièrement des aspects techniques, tels que le système qui produit les données et le format dans lequel elles sont publiées, ainsi que la qualité des données. D'autres sont de nature plus sémantique et concernent les métadonnées ou la production de ressources en plusieurs langues (van Ooijen, Ubaldi et Welby, 2019[46]). Il n'est pas inutile de préciser que les principes associés à la gouvernance et à la direction sont pertinents pour la question de l'interopérabilité.

Les questions d'interopérabilité s'appliquent à la fois aux guichets uniques autonomes et aux portails multi-organismes, car les informations collectées par un organisme autonome peuvent toujours être utiles à d'autres organismes dans d'autres domaines des politiques publiques. Envisager l'interopérabilité au sens large, par exemple en mettant en place une plateforme qui puisse être utilisée pour d'autres initiatives, peut réduire les besoins en ressources à un stade ultérieur (Organisation des Nations Unies, 2005[9]). Pour les guichets uniques en ligne, la collecte et le partage d'informations sont particulièrement importants aux fins de réduire les coûts de transaction pour les utilisateurs. Par exemple, de récentes modifications législatives permettent désormais à Service Canada de recueillir des informations pour le compte d'autres ministères (Encadré 2.25).

Plus généralement, afin d'améliorer l'interopérabilité, un certain nombre d'États ont adopté l'approche « Dites-le nous une fois » selon laquelle les informations sont fournies par les citoyens ou les entreprises à un organisme dans un but précis, et peuvent ensuite être utilisées par d'autres secteurs du gouvernement.

Au Portugal, un texte législatif établit le principe de « collecte unique », qui stipule que les citoyens ne sont pas tenus de transmettre à l'administration deux fois le même document. La plateforme d'interopérabilité pour l'administration publique (iAP) mise en place au Portugal facilite l'échange d'informations liées aux services au sein de l'administration : la Résolution du Conseil des ministres 42/2015 du 19 juin étend ce dispositif aux fournisseurs relevant du secteur privé (Presidência do Conselho de Ministros, 2015[47]). L'iAP est une plateforme centrale orientée vers les services, qui fournit à l'administration publique portugaise des outils partagés permettant, de manière agile et économique, d'automatiser les services électroniques. Elle comprend une plateforme d'intégration, un fournisseur d'authentification, une plateforme de paiement et une passerelle SMS. L'iAP a permis à l'administration publique portugaise de passer d'une approche traditionnelle fondée sur des connexions point à point sans services partagés, à une plateforme centrale avec des services web partagés. Elle est fondée sur une architecture de référence selon un ensemble de règles, de normes et d'outils qui facilitent l'interopérabilité des différents systèmes portant les services de l'administration publique.

> ### Encadré 2.25. Évolutions de la collecte et du partage d'informations : l'exemple de Service Canada
>
> Service Canada a été créé en 2005 et constitue un point d'accès unique pour un grand nombre des programmes et services les plus importants et les plus connus de l'administration canadienne (Régime de pensions du Canada, Sécurité de la vieillesse, Assurance-emploi, Passeports, par exemple).
>
> Service Canada relève du ministère fédéral Emploi et Développement Social Canada (EDSC) et opère dans le cadre du mandat législatif de la Loi sur le ministère de l'Emploi et du Développement social. Des amendements apportés à la Loi sur le ministère de l'Emploi et du Développement social autorisent l'EDSC à fournir des services aux trois ordres de gouvernement
>
> - (fédéral, provincial-territorial, municipal),
> - à toute autre entité partenaire désignée par le gouverneur en conseil,
> - à des organes désignés représentatifs des peuples autochtones
> - les sociétés à but non lucratif ou les organismes publics remplissant une fonction pour différents niveaux de gouvernement.
>
> En outre, les modifications facilitent l'interaction des entreprises avec l'EDSC grâce à l'utilisation du numéro d'entreprise (identifiant unique pour les entreprises) qui est déjà utilisé par certains ministères et organismes publics fédéraux. Ces modifications sont en place depuis juin 2018, et Service Canada a déjà commencé à solliciter ces autorités.
>
> Source : *Service Canada*, réponses à l'enquête 2019 de l'OCDE sur les guichets uniques.

Au Royaume-Uni, le dispositif *Primary Authority* met fortement l'accent sur le partage des informations. Par exemple, le partenariat d'autorité principale entre le conseil du comté du Monmouthshire et le brasseur gallois SA Brain & Co Ltd a donné lieu à la création du Food Safety Management System (système de gestion de la sécurité alimentaire) et de la Food Safety Policy (politique de sécurité alimentaire). Ces deux documents sont à la disposition d'autres *local councils*, qui peuvent s'en servir comme base pour mener des activités d'inspection et d'application de la loi dans plus de 250 débits de boissons appartenant au groupe de brasserie dans tout le pays de Galles. Cela a permis d'améliorer la note décernée à plusieurs débits de boissons au titre du système de notation de la sécurité alimentaire, et en même temps de réduire les ressources de conformité des entreprises (Office of Product Safety and Standards (R.-U.), 2019[48]).

Les études de cas suggèrent que la collecte et le partage d'informations représentent un domaine de croissance potentielle pour les guichets uniques, ce qui augmente leur valeur publique. Par exemple, il était clair dès le départ, que GOV.UK avait besoin d'un système d'authentification. Alors qu'une solution aurait pu être acquise sur le marché, la solution d'un développement en régie de l'infrastructure (et du savoir-faire allant avec) a été privilégiée, et a abouti à GOV.UK Verify. Ce développement réussi dans le contexte de GOV.UK a permis d'offrir désormais l'accès à 16 administrations, ce qui contribue à réduire les coûts dans d'autres secteurs du gouvernement. Un exemple intéressant a été l'utilisation de la base de données PerLE pour identifier les possibilités de « transformation liée à la réglementation » (Encadré 2.26).

Encadré 2.26. Possibilités de « transformation liée à la réglementation » grâce à PerLE

Lorsque PerLE a été lancé, un modèle logique a été créé afin de faciliter les futurs examens de l'efficacité et de l'efficience du service. L'un des secteurs d'activité de PerLE consiste à « appuyer la réglementation intelligente et les initiatives d'allégement du fardeau de la paperasserie » en analysant des occasions de « transformation de la réglementation, ce qui implique qu'il fallait repérer les domaines dans lesquels les charges réglementaires pouvaient être réduites.

Le Secteur de la politique stratégique d'Industrie Canada a utilisé les données de la base de données du service PerLE dans le cadre du Comité fédéral-provincial-territorial des ministres responsables du commerce intérieur. Il s'agissait de déterminer dans quelle mesure les dispositions sur les licences d'entreprises constituaient un obstacle au commerce interprovincial au Canada. Il a été conclu que le service PerLE était la seule source viable de renseignements fiables et comparables au sein d'un large éventail de secteurs industriels. Les données ont servi à élaborer un « indice du fardeau » qui montre le fardeau dans tous les secteurs d'une administration. Une fois les données combinées à celles du nombre d'entreprises dans chaque secteur, le rapport a permis de cerner les secteurs d'activité, à l'échelle nationale et à l'échelle régionale, où les exigences en matière de permis et de licences étaient très lourdes.

Source : (Gouvernement du Canada, 2011[19]).

La mise en place des systèmes informatiques a été un thème important dans les études de cas. L'expérience de PerLE au Canada a montré que si une solution technologique peut être appropriée, à mesure que les services arrivent à maturité, ils peuvent ne plus être adaptés à leur objectif (Encadré 2.27). Cela souligne qu'il est important de planifier de manière appropriée la conception, le développement, l'expérimentation et l'amélioration de tels systèmes. Les études de cas montrent que, si la fourniture de services numériques se banalise, des problèmes informatiques perdurent avec les guichets uniques physiques. L'informatique doit donc être bien intégrée à la gestion globale des guichets uniques. Les informaticiens doivent aider à discerner les forces et les faiblesses relatives des différentes solutions, en sachant que les évolutions technologiques peuvent arriver dans un délai assez bref. Un aspect qui est souligné est qu'il est donc important d'offrir autant que possible un certain degré de flexibilité technologique lors de la prise de décisions d'investissement. Cet aspect a été mis en évidence lors de l'adoption réussie de PerLE par d'autres juridictions canadiennes ; il reste aussi un principe central du fonctionnement de GOV.UK, qui a cherché à développer ses propres produits et à les partager avec d'autres (voir ci-dessous).

Encadré 2.27. Quelle technologie informatique pour le guichet unique ? Le choix de PerLE

Un défi particulier pour le service canadien PerLE concernait le choix de la technologie. Fondé sur une base de données non relationnelle et centralisée utilisant du code HTML facilement distribuable, PerLE apparaissait comme, d'une certaine manière, limité par son propre succès sur le plan technologique. Si cela était gage d'accès rapide pour les utilisateurs, il a bientôt été jugé souhaitable et possible de créer une option de services web plus élaborée qui permettrait à certains partenaires d'offrir le service dans leurs administrations. D'autres questions se posaient et, compte tenu de l'expansion du partenariat, il devenait de plus en plus pressant d'adopter une solution technique soit unifiée, soit multidimensionnelle. Les limitations de l'architecture technique sous-jacente ont été reconnues, et un financement a été obtenu pour commencer à trouver des solutions à ces problèmes.

> La petite équipe informatique dont disposait PerLE s'est peu à peu muée en un groupe orienté conception et tourné vers l'avenir. Cette équipe ne consiste pas juste en développeurs informatiques ; elle joue aussi un rôle important dans le développement stratégique de PerLE, notamment en ce qui concerne la recherche de nouvelles technologies. L'investissement valait la peine, puisque PerLE est désormais bien armé pour réagir rapidement à tout problème technique. De plus, face à l'expansion et à la transformation de l'informatique, ces connaissances ont été un atout pour PerLE au moment de moderniser ses systèmes. Le passage à un nouveau système d'exploitation a été beaucoup moins ardu que des changements similaires ne l'avaient été par le passé, et cela, grâce au vivier d'expertise et d'expérience qui a été créé en interne.
>
> Sources : (Hallux Consulting, 2008[41]) ; (Gouvernement du Canada, 2011[19]) ; *PerLE*, réponses à l'enquête 2019 de l'OCDE sur les guichets uniques.

Dans les études de cas, plusieurs guichets uniques fournissent des services en ligne, et certains ne sont même accessibles que par des moyens en ligne. Compte tenu du nombre et de la variété des formes et des méthodes de communication en ligne, et de l'ampleur des investissements effectués dans certains pays depuis quelques années, il n'est pas possible, dans le présent rapport, de couvrir de manière exhaustive la problématique de l'Internet dans le contexte des guichets uniques. Ce qui est clair, c'est que cette problématique englobe de nombreuses questions, telles que les choix technologiques, l'interopérabilité, la confidentialité et la sécurité des données, pour n'en citer que quelques-unes (Encadré 2.28). Cette section s'arrête sur quelques-unes des expériences qui sont ressorties des études de cas. Il n'est pas question de décréter quelles solutions sont nécessairement les bonnes pour chaque guichet unique – le contexte national et le cadre technologique existant sont des caractéristiques uniques qui sont déterminantes pour établir que telle ou telle solution peut fonctionner dans telles circonstances.

> ## Encadré 2.28. Considérations technologiques indicatives pour les guichets uniques en ligne
>
> Depuis son lancement en 2003, le guichet unique norvégien Altinn a pu constater que certaines fonctions et caractéristiques étaient particulièrement importantes, à savoir :
>
> - l'environnement d'exécution pour l'exploitation des services – ce qui permet d'envoyer des instructions ou des commandes à partir des applications propres d'Altinn, à la demande des utilisateurs lorsqu'ils remplissent des exigences administratives. Altinn met actuellement au point une fonction de développement de services entièrement nouvelle, Altinn Studio, qui devrait entrer en service en 2020. Cette plateforme aidera les organismes à créer des services de conception moderne et dynamique, permettra l'exécution de tests automatiques et la migration autonome des services vers un environnement d'exécution en nuage ;
> - l'intégration d'interfaces de programme d'application (API) avec les systèmes logiciels professionnels des entreprises, qui a été l'élément le plus décisif de la réussite d'Altinn. Pour des services comme les déclarations fiscales, la TVA et les comptes annuels, pas moins de 90 % des données sont transférées directement des systèmes logiciels des entreprises, par l'intermédiaire des API d'Altinn, aux organismes publics connectés. Les API ont aussi été une source importante d'innovation dans le mode de prestation des services d'Altinn ;
> - l'authentification unique au moyen de solutions d'authentification répandues, assortie, pour Altinn, de quatre niveaux de sécurité pour la connexion et la signature numérique. L'utilisateur final est identifié par son numéro de sécurité sociale tel qu'il figure au registre national d'état civil ;

- une application d'autorisation puissante qui exploite les listes des registres nationaux du commerce et des entreprises. La création d'Altinn découle de celle du Registre central de coordination des entités juridiques, réunissant les registres de cinq administrations différentes concernant les personnes morales. Le développement de son module d'autorisation se poursuit, l'objectif étant d'en faire un dispositif plus complet, puisant directement dans un nombre encore plus élevé de registres publics (voire privés) ;

- le préremplissage des formulaires à partir des données des registres centraux et de celles des organismes publics, qui a marqué une évolution importante et permis de réduire le nombre d'informations réclamées aux usagers chaque fois que celles-ci existaient déjà dans les systèmes de l'administration publique. Cela a également ouvert la possibilité, pour les utilisateurs, d'accéder à leurs archives personnelles et, le cas échéant, à celles de leur entreprise, qui réunissent toutes les communications antérieures ;

- une solution de stockage pour les soumissions et les messages propres de l'utilisateur. À partir de 2005, les organismes ont pu envoyer des messages aux utilisateurs par l'intermédiaire du site. Pour leur part, ces derniers disposaient d'une boîte aux lettres personnelle et d'une boîte aux lettres associée à leur fonction dans l'entreprise, le cas échéant. Les messages pouvaient également être distribués par les interfaces de programme d'application (API) d'Altinn, de façon qu'ils apparaissent aussi dans le système de l'entreprise.

Source : *Altinn*, réponses à l'enquête 2019 de l'OCDE sur les guichets uniques.

Les solutions technologiques pour les guichets uniques peuvent aussi porter en elles des avantages économiques plus diffus s'étendant à d'autres secteurs de l'administration. La création du Government Digital Service au Royaume-Uni a donné naissance à une structure chargée d'investir dans les bonnes pratiques en matière de prestation de services et de diffuser ces dernières (Encadré 2.29).

Encadré 2.29. La réutilisation de solutions technologiques dans des guichets uniques en ligne : l'exemple de GOV.UK

Les « principes de conception » publiés en 2012 par le service numérique du gouvernement britannique reflètent l'expérience vécue par l'équipe du GDS lors du développement de GOV.UK. Dans cette charte de la conception en dix principes, deux principes particulièrement importants pour les guichets en ligne sont le numéro 8 – « *Build digital services, not websites* » (construire des services numériques, pas des sites web) – et le numéro 10 « *Make things open: it makes things better* » (plus on est ouvert, mieux c'est).

Pour le premier, GOV.UK a mis en avant l'exemple de la dématérialisation des services de la DVLA (Driver and Vehicle Licensing Agency, l'agence d'enregistrement des conducteurs et des véhicules). En pratique, cela a nécessité un remaniement complet de l'interaction entre l'organisme public et la plupart des vendeurs de voitures. À l'époque où le chantier de la dématérialisation a démarré, en 2014, le nombre annuel de véhicules vendus au Royaume-Uni était de l'ordre de 5.5 millions. Grâce à des instructions pertinentes pour guider les nouveaux utilisateurs tout au long du processus (appuyées par un centre d'appel) – elles-mêmes le fruit de recherches auprès des utilisateurs et d'un travail itératif constant – la complexité de l'exécution du service a été abolie. Alors que la procédure « matérialisée » durait auparavant trois semaines, elle ne prenait plus que quelques minutes en ligne. Leurs coordonnées étant mémorisées, les vendeurs de voitures pouvaient effectuer plusieurs transactions en

> même temps ; enfin, le remboursement de la taxe sur les véhicules était accéléré – au bénéfice de la trésorerie des entreprises.
>
> Concernant le deuxième principe, le GDS l'a illustré par l'initiative du ministère de l'intérieur pour améliorer son système de traitement des voyageurs fréquents en provenance de certains pays. Le projet a consisté à réorganiser le système existant, lourd et à bout de souffle, afin de rendre la procédure plus conviviale tant pour les passagers que pour le personnel aux frontières. Un des problèmes était qu'il y avait besoin d'un logiciel permettant de répertorier tous les visas différents pouvant être utilisés par les voyageurs. Il s'est trouvé qu'un autre département du ministère de l'intérieur avait déjà établi le catalogue de produits par code et a partagé le fruit de son travail, ce qui a permis une économie considérable de temps et de ressources. Les modifications apportées au processus de gestion des dossiers ont été conçues de manière à pouvoir être reproduites dans d'autres secteurs du gouvernement.
>
> Sources : (GOV.UK, 2012[49]), (GOV.UK, 2014[50]), (GOV.UK, 2014[51]).

Les guichets uniques peuvent également être source de gains supplémentaires dans le secteur privé. Ainsi, en 2016, Altinn a élargi sa fonction d'autorisation en y intégrant le consentement de l'usager à la transmission de ses données. Cette nouveauté s'est révélée être une petite révolution dans la transformation numérique en Norvège. Le consentement de l'utilisateur à la transmission automatique de ses données a ouvert de nouvelles possibilités de réutilisation des données par d'autres organismes, y compris des entreprises privées. Le secteur financier a été le premier à profiter de ces possibilités, avec la demande de prêt préremplie grâce au consentement de l'usager, qui permet aux utilisateurs d'obtenir des engagements de prêt de leur banque en quelques minutes. Le demandeur du prêt autorise l'administration fiscale à transmettre les renseignements concernant les revenus, le patrimoine et les encours de prêts à l'établissement bancaire, qui a alors toutes les données pour évaluer la demande de prêt.

Capital humain

- *Des ressources suffisantes doivent être affectées à la gestion du changement et des programmes de formation sur mesure doivent être conçus pour le personnel du guichet unique.*
- *La formation doit se concentrer non seulement sur les compétences techniques, mais aussi sur les compétences interpersonnelles et sociales.*

Un élément critique dans le fonctionnement des guichets uniques est leur personnel. Il est donc important de s'assurer que l'équipe du projet dispose de ressources suffisantes et d'un personnel approprié. Dans ce contexte, lorsque les guichets uniques sont issus d'administrations préexistantes, il convient de prendre en considération des questions telles que la gestion du changement et la conception de programmes sur mesure pour la formation du personnel. La formation doit avoir une portée plus large que les seules compétences techniques et, en particulier pour les guichets uniques physiques, elle doit également inclure des compétences interpersonnelles, car le personnel est souvent le visage de l'organisation (PWC, 2016[42]). Plus généralement, les guichets uniques offrent aux gouvernements la possibilité de promouvoir une transformation culturelle dans la prestation des services publics.

S'agissant de structures administratives qui existaient bien avant le guichet unique, la gestion du changement est un élément essentiel. Elle exige que la direction et le personnel acceptent le changement – c'est-à-dire les avantages pour les utilisateurs et les administrations d'une meilleure prestation de services – que constitue l'introduction des guichets uniques. Elle impose de surmonter les problèmes d'inertie au sein de l'administration et de veiller à ce que le personnel adopte une culture centrée sur le service. Les difficultés peuvent être plus grandes dans les cas où des processus de longue date sont remis en question, ou face à une administration qui a tardé à réagir aux problèmes diagnostiqués. C'est ce qu'a affronté l'Agence portugaise pour la modernisation administrative avec le lancement de la clé numérique mobile (Encadré 2.30).

Encadré 2.30. La gestion du changement : illustration par l'expérience du Portugal

Créée en 2007 sous l'égide de la présidence du Conseil des ministres, l'Agence pour la modernisation administrative (AMA) est l'organisme public portugais chargé de la modernisation des services publics et de la simplification des procédures administratives et réglementaires.

La « clé numérique mobile » (*Chave Móvel Digital*, CMD) est la solution d'identification électronique mobile nationale qui permet aux citoyens de s'identifier par voie électronique sur la plupart des sites web publics et sur ceux de certaines entreprises, afin de pouvoir bénéficier de services numériques par leurs smartphones, tablettes ou ordinateurs portables. En l'utilisant, les citoyens peuvent accéder à des centaines de services publics en ligne et les exécuter de manière simple et sécurisée, grâce à une solution qui introduit plus de commodité dans les interactions avec l'administration publique, et avec le secteur privé.

Outre son rôle de chef de file au niveau national, l'AMA a établi des partenariats avec plusieurs grandes institutions portugaises, dont la sécurité sociale, les services partagés du ministère de la santé (SPMS) et le ministère de la justice, qui ont à leur tour intégré la fonctionnalité CMD à leurs sites web pour faciliter les interactions avec les citoyens.

Une constatation qui s'est imposée, c'est qu'il était indispensable d'impliquer tous les acteurs concernés dès le début. Il était important de leur faire sentir qu'ils faisaient partie de la solution et que leur point de vue comptait. Les organismes utilisant la CMD renonçaient à une partie du contrôle qu'ils avaient précédemment sur la sécurité de leurs plateformes en ligne ; il fallait donc qu'ils fassent confiance au dispositif et qu'ils se sentent à l'aise en l'utilisant.

> Pour promouvoir les changements nécessaires au sein de l'administration publique afin que la clé numérique devienne un instrument d'authentification viable, la CMD devait être diffusée, et adoptée par plusieurs organismes publics. Certains organismes craignant de perdre en partie le contrôle de leurs plateformes en ligne et de leurs protocoles de sécurité, cela n'a pas toujours été facile à faire. Il a fallu beaucoup négocier pour leur faire comprendre qu'il s'agissait d'une initiative qui profiterait à tous. Si l'expérience est une réussite, c'est grâce au travail d'une équipe qui a fait preuve de souplesse autant que de motivation, a su apporter une réflexion originale et s'est mobilisée pour répondre aux besoins des citoyens.
>
> Source : (OCDE, 2018[52]).

Il est essentiel que les guichets uniques instaurent une culture centrée sur l'usager (PWC, 2016[42]). Cela permet de jeter les fondations pour établir une série d'indicateurs de résultats axés sur l'usager afin d'évaluer et d'apprécier le rendement du guichet unique, comme il est expliqué plus loin. Pour cela, il faut que le personnel de première ligne comprenne comment les usagers vivent l'utilisation des guichets uniques, ce qui implique de faire une estimation des moyens par lesquels les usagers arrivent au guichet unique et de leur déficit d'information probable. La direction, elle, joue un rôle crucial dans le recrutement et le repérage des talents, ainsi qu'en offrant au personnel un encadrement et des possibilités de formation appropriés. Elle doit par ailleurs aligner la stratégie organisationnelle sur la capacité de prestation (PWC, 2016[42]). Cela nécessite de sa part une prise de décision et un équilibrage des ressources, afin d'assurer la cohérence entre la portée du guichet unique et les ressources dont il disposera pour fournir les services clés aux usagers. Les études de cas ont révélé des approches assez divergentes. À une extrémité du spectre, le portail d'information pour les employeurs, en Allemagne, qui, grâce à son modèle de conception, n'a pas nécessité de formaliser des structures de formation supplémentaires pour le personnel, puisque les compétences informatiques étaient déjà disponibles au sein de l'organisation. Parallèlement, une solution informatique a été mise au point, qui a permis d'éviter que le personnel chargé de fournir le contenu de la plateforme n'ait à se familiariser avec les aspects techniques du système d'exploitation. À l'autre extrémité, des guichets uniques qui ont demandé que l'on crée des établissements de formation sur mesure pour leur personnel (Encadré 2.31).

Encadré 2.31. Formations formelles pour le personnel du guichet unique

Service Canada

Service Canada fait de la gestion et la valorisation des ressources humaines une priorité, estimant que ses employés doivent être dotés des connaissances, des compétences et des comportements appropriés, et qu'ils doivent partager ses valeurs et ses convictions. Le Collège de Service Canada a été créé en 2005 pour assurer la formation des agents de l'organisation, auxquels il propose des cours et des programmes uniformes. Sa création a été motivée par la qualité très variable que présentait à l'époque la prestation des services. Son objectif était d'assurer la fiabilité et le professionnalisme des services fournis en sensibilisant les agents aux principes d'excellence de service. Sa pierre angulaire est le Programme d'accréditation en excellence du service, un programme de formation appliquée qui prévoit un accompagnement dans l'exercice des fonctions professionnelles, un enseignement en classe et des séances de suivi en ligne, qui viennent compléter une formation fonctionnelle et opérationnelle. La formation en excellence du service a été mise au point et initialement dispensée par Service Canada, avant d'être transférée à l'École de la fonction publique du Canada en 2014. Elle est ouverte à tous les employés fédéraux. L'École de la fonction publique du Canada, créée en 2004, dirige l'approche pangouvernementale en matière d'apprentissage en offrant un programme de cours commun normalisé. Elle propose des formations spécialisées pour les fonctionnaires au niveau fédéral dans plusieurs secteurs d'activité dont l'Académie du numérique, l'Apprentissage sur les questions autochtones et les Compétences du secteur public et du gouvernement du Canada.

ePortugal

L'Académie de l'Agence pour la modernisation administrative (AMA) a été créée en 2019, sur les bases de structures qui existaient auparavant pour la formation. Sa mission est de donner à chacun la possibilité de partager, de participer et de collaborer au développement des connaissances, de l'apprentissage et des compétences et de parier sur de nouveaux domaines et de nouvelles méthodologies de formation.

Une série de communautés d'apprentissage ont été créées et comprennent l'apprentissage en face à face, l'apprentissage en ligne, couplé à la formation sur le lieu de travail, les initiatives d'autoformation, le micro-apprentissage et l'apprentissage social.

Plusieurs facteurs expliquent la réussite du programme de formation de l'AMA : la participation de l'ensemble des agents (Conseil d'administration, services de gestion, organismes, stagiaires) ;le recours à une équipe d'enseignement pluridisciplinaire ; l'utilisation d'une technologie simple, à la fois intuitive et interactive ; un modèle de formation adapté au public ciblé et au contexte ; des approches diversifiées à la conception du matériel pédagogique ; l'évaluation continue de l'apprentissage et de son efficacité.

Sources : (École de la fonction publique du Canada, sans date[53]) ; (Emploi et Développement social Canada, 2018[54]) ; *Service Canada*, réponses à l'enquête 2019 de l'OCDE sur les guichets uniques ; (Agência Para A Modernização Administrativa, 2019[55]) ; *ePortugal*, réponses à l'enquête 2019 de l'OCDE sur les guichets uniques.

Suivi et évaluation

- *Des indicateurs quantitatifs et qualitatifs et des méthodes d'évaluation doivent être établis pour tester la performance et la qualité des services fournis aux utilisateurs.*
- *Un processus d'amélioration en continu doit être appliqué.*
- *Les modifications importantes à apporter aux guichets uniques doivent faire l'objet d'une analyse d'impact et d'une consultation publique appropriées avant d'être mise en œuvre.*

Principe lié : Consultation publique

Les recommandations pour les politiques de la réglementation placent le suivi et l'évaluation au centre du cycle continu de la prise de décision réglementaire (OCDE, 2012[7]). Le suivi et l'évaluation sont des éléments essentiels qui permettent de juger si les objectifs de la réglementation sont atteints et s'ils le sont de la manière la plus efficace possible. La même chose vaut pour les guichets uniques : leurs résultats, leur rendement, doivent être suivis et évalués pour montrer qu'ils continuent à répondre aux besoins et aux attentes des utilisateurs et des administrations.

Certaines études de cas constatent la réalisation d'évaluations relativement fréquentes du rendement des guichets uniques. Par exemple, depuis la création de PerLE, le programme – comme d'autres programmes du gouvernement canadien – a fait l'objet d'une évaluation standard environ tous les cinq ans. Les évaluations ont généralement été planifiées à l'avance. Par exemple, lors de la création du dispositif britannique *Primary Authority*, une disposition prévoyant son évaluation réglementaire a été insérée dans la loi ; une disposition similaire a été adoptée à la mise en place du guichet unique allemand *Informationsportal für Arbeitgeber* (Encadré 2.32).

Encadré 2.32. Évaluation réglementaire d'un guichet unique : l'exemple d'*Informationsportal für Arbeitgeber* en Allemagne

Lorsque le portail d'information pour les employeurs a été créé en tant que fonction réglementaire des organismes de protection sociale participants, une obligation de rendre compte au gouvernement fédéral a été inscrite dans la législation applicable. L'article concerné fait obligation à l'Association allemande des caisses d'assurance maladie (*Spitzenverband Bund der Krankenkassen*) de présenter, au plus tard deux ans après la mise en place du guichet unique, un rapport sur l'utilisation du portail, son coût et son évolution possible.

Le rapport d'évaluation publié en 2018 dressait une conclusion positive et recommandait le maintien du portail et la poursuite de son développement, évoquant l'option d'élargir ses fonctions au-delà de l'information, pour en faire un site plus transactionnel. Les usagers auraient ainsi la possibilité, outre l'obtention des informations demandées, de déposer directement des demandes de certificat ou de fournir les déclarations requises par l'intermédiaire du portail. Plusieurs indicateurs de résultats clés ont aussi été définis, comme le nombre d'utilisateurs et d'inscriptions, le nombre de clics sur les différentes sous-pages, une analyse de la fonction de recherche du site et la disponibilité du système.

Sources : (Gouvernement de l'Allemagne, s.d.[56]) ; (GKV Spitzenverband, 2018[57]) ; *Informationsportal für Arbeitgeber*, réponses à l'enquête 2019 de l'OCDE sur les guichets uniques.

La portée de toute évaluation devrait consister à analyser si « les objectifs fixés ont effectivement été atteints, à déterminer s'il y a eu des conséquences imprévues ou fortuites et à examiner si d'autres approches auraient pu être plus efficaces » (OCDE, à paraître[58]). Pour les guichets uniques, les facteurs d'évaluation devraient se rapporter à leur objectif respectif, et évaluer si cet objectif reste approprié (Encadré 2.33). Ainsi, lors de la création du dispositif *Primary Authority* au Royaume-Uni (voir Encadré 2.36), il a été prévu que l'examen porterait probablement sur les points suivants :

- l'ampleur du recours au dispositif,
- l'étendue des avantages que le régime procure aux entreprises,
- l'éventuelle charge de travail imprévue que la gestion d'un partenariat d'autorité principale fait peser sur les collectivités territoriales,
- l'efficacité du mécanisme de recouvrement des coûts dans le financement du régime (Department for Business, Enterprise & Regulatory Reform, 2008[37]).

Encadré 2.33. L'évaluation dans le cas du service PerLE au Canada

L'objectif de PerLE était d'aider les petites et moyennes entreprises à se conformer aux exigences en matière de permis et licences des trois ordres de gouvernement – fédéral et provinciaux ou territoriaux, et municipal –, en fournissant de l'information aux utilisateurs. PerLE n'est pas un système transactionnel, c.-à-d. qu'il n'émet pas la licence ni le permis aux utilisateurs et ne gère pas non plus les paiements de frais.

L'objectif de cet examen était de déterminer si le service PerLE avait atteint ses objectifs, et plus particulièrement les suivants : améliorer le fonctionnement et assurer la mise en œuvre nationale ; promouvoir le service et les innovations technologiques ; favoriser la transformation liée à la réglementation ; assurer la gouvernance et la durabilité à long terme.

L'analyse ciblait les aspects de la pertinence et du rendement. Concernant le premier, le but était de répondre aux questions suivantes :

- Le service PerLE répond-il encore à un besoin ?
- Le service PerLE correspond-il aux priorités du gouvernement fédéral?
- Quel est le rôle légitime et nécessaire d'Innovation, Science et Développement économique Canada ?

En ce qui concerne le rendement, l'examen a cherché à répondre aux questions suivantes :

- Dans quelle mesure le service PerLE est-il un modèle opérationnel efficace ?
- Dans quelle mesure le service PerLE a-t-il réalisé ses objectifs de façon efficace ?
- Quels sont certains des obstacles à la réussite (y compris à l'égard de la participation de toutes les provinces et de tous les territoires) ? Quels sont certains des facteurs qui ont facilité la réussite ?
- Y a-t-il eu des résultats imprévus (positifs et négatifs) découlant de la mise en œuvre du service PerLE ?
- De quelle façon pourrait-on améliorer le service PerLE pour renforcer son efficience et sa rentabilité ?

Sources : (Hallux Consulting, 2008[41]), (Gouvernement du Canada, 2011[19]).

Tout indicateur de performance doit être lié aux objectifs que l'on cherche à atteindre. Les guichets uniques pour les entreprises se concentrent généralement sur l'amélioration de la prestation de services aux PME et les facteurs qui sont alors pertinents sont ceux qui concernent la facilité avec laquelle les utilisateurs peuvent remplir les formalités réglementaires. L'accent est généralement mis sur les PME, puisque les coûts de transaction pèsent de manière disproportionnée sur ces entreprises, ce qui a un effet préjudiciable sur la concurrence pour le bien-être de la société. Par exemple, dans le cas du guichet unique canadien PerLE, il a été constaté que « les entreprises ayant moins de 20 employés sont disproportionnellement touchées par la mise en conformité – une petite entreprise comptant entre 1 et 4 employés engage au moins sept fois plus de coûts par employé que des entreprises plus grandes (c.-à-d. de 20 à 99 employés) » (Gouvernement du Canada, 2011[19]). Concernant les guichets uniques pour les citoyens, l'objectif principal est en règle générale d'améliorer l'accès aux services publics. Du point de vue de l'État ou du gouvernement – comme nous l'avons vu dans l'introduction –, les guichets uniques peuvent être un moyen de réduire les coûts de transaction public-privé, mais aussi, potentiellement, les coûts de prestation des services publics.

Le contrôle du rendement nécessite la collecte d'une série de critères ou d'indices sur une certaine période. Pour les guichets uniques, cela signifie qu'il faut créer des indicateurs de rendement significatifs et des mécanismes d'amélioration continue au début même de la phase de conception. Le rendement doit être évaluée aux niveaux stratégique, opérationnel et tactique. Au niveau stratégique, des indicateurs de résultats et des objectifs clés devraient être fixés de manière à contrôler la réussite des améliorations de service. Au niveau opérationnel, les mesures devraient être liées aux responsabilités de gestion et aux opérations au niveau de l'ensemble des services de l'État. Au niveau tactique, les mesures devraient se concentrer sur les progrès réalisés au sein de l'organisme ou des organismes public(s) participant au guichet unique (PWC, 2016[42]).

Bien qu'il y ait plusieurs méthodes possibles, les sources de données communes sont généralement des enquêtes et des questionnaires sur la satisfaction des utilisateurs, des rapports d'usagers mystères et des audits internes (Askim et al., 2011[24]) (OCDE, 2012[59]). D'autres mesures de performance plus pertinentes pour les guichets uniques en ligne portent sur des éléments tels que le taux d'utilisation, le taux d'achèvement des services et les coûts par transaction qui peuvent être intégrés dans des programmes d'amélioration continue (OCDE, 2017[60]) (Encadré 2.34). Les informations reçues devraient guider le développement et la simplification futurs des services existants du guichet unique, et l'inclusion éventuelle de nouveaux services en réponse à la demande des utilisateurs, dans le but général de créer une culture des services dans l'administration publique et de promouvoir l'amélioration continue de la prestation des services publics.

Encadré 2.34. Exemples d'indicateurs de performance utilisés dans les études de cas

Altinn (Norvège)

Disposant d'informations sur les citoyens et les entreprises qui proviennent, respectivement, du registre de l'état civil et du Registre central de coordination des entités juridiques, Altinn peut examiner les taux d'utilisation de la quasi-totalité de la population norvégienne. Cela permet de collecter des données en fonction de l'âge et du sexe, dont la direction se servira pour déterminer dans quelle mesure chaque groupe utilise Altinn. Les constatations contribueront à guider les décisions de la direction quant à la diffusion ou à la publicité potentielle des services, et à repérer les éventuels écarts de pénétration à travers le pays.

Altinn a également recueilli des informations sur les perceptions des utilisateurs, notamment : si les entreprises passent moins de temps à leurs démarches de conformité grâce à Altinn ; s'il est à la fois facile et sûr d'utiliser Altinn pour faire ses déclarations ; et si Altinn est une solution stable qui est disponible lorsqu'on en a besoin.

PerLE (Canada)

PerLE a mis au point des mesures des données web afin d'évaluer les taux d'achèvement dans les cas où les entreprises parviennent à accéder aux informations sur les permis et les licences dont elles ont besoin. Les données web ont aussi été améliorées aux fins d'un suivi des taux de transformation étape par étape, ce qui fournit des renseignements exacts sur la façon dont beaucoup d'utilisateurs se rendent à la page des résultats et, lorsqu'ils ne se rendent pas à la page des résultats, à quel moment ils arrêtent le processus. Des rapports trimestriels sont présentés à la direction interne et contribuent à éclairer les décisions relatives aux améliorations du système.

GOV.UK

Pour les services numériques, l'évaluation comprend quatre critères obligatoires : le coût par transaction, la satisfaction des utilisateurs, le taux d'achèvement et l'adoption du numérique. Le coût par transaction varie considérablement, de 5 pence à 700 livres sterling. Les données initiales sur les transactions ont été d'une grande importance pour GOV.UK afin de mieux comprendre l'ampleur, la portée et la priorité de la transformation des services. Les autres méthodes de recherche employées sont l'analyse des expériences des utilisateurs, les entretiens approfondis et les tests de convivialité assistés par un modérateur.

Primary Authority (Royaume-Uni)

Dans le cadre d'une évaluation du dispositif *Primary Authority*, des questionnaires structurés ont été envoyés aux entreprises, classées en trois catégories : celles qui utilisent déjà le dispositif, celles qui seraient intéressées par son utilisation et celles qui ne sont pas intéressées. L'enquête comprenait des questions sur la mise en place des partenariats ainsi que les coûts et les avantages du système, les problèmes rencontrés, et l'expérience concrète de la conformité, des incohérences éventuelles et des mesures d'application. Les expériences de 100 *local authorities* ont été recueillies par le biais d'une enquête téléphonique auprès de celles ayant statut d'autorité principale au sein de partenariats avec des entreprises.

Service Canada

L'évaluation du rendement sur la base des consultations du site, de la présence dans les médias sociaux, des visites dans les centres d'accueil et des appels au numéro des informations générales (1 800). Des indicateurs de résultats officiels ont été établis pour chacun de ces trois modes de prestation de services.

Source : (Gouvernement de la Norvège, 2016[61]), (Gouvernement de la Norvège, 2016[62]), *Altinn*, réponses à l'enquête 2019 de l'OCDE sur les guichets uniques ; (Gouvernement du Canada, 2011[19]) ; (GOV.UK Service Manual, 2018[63]) ; (GOV.UK, 2013[64]) ; (Primary Authority evaluation, 2013[65]), *Primary Authority*, réponses à l'enquête 2019 de l'OCDE sur les guichets uniques, *Service Canada*, réponses à l'enquête 2019 de l'OCDE sur les guichets uniques.

La mise en œuvre de programmes d'amélioration continue est un élément central des politiques publiques. Une réglementation voit le jour à un moment donné et dans des circonstances données. Si ces circonstances changent (pour des causes endogènes ou exogènes), cette réglementation peut ne plus être la meilleure solution au problème pour lequel elle a été créée. Peut-être même aggrave-t-elle la situation. Ces problèmes relatifs à la législation, mis en évidence dans la phase de conception, trouvent leur pendant dans la phase de prestation des services. Pour les guichets uniques, le processus d'amélioration continue est crucial, pour plusieurs raisons. Tout d'abord, comme indiqué ci-dessus, il permet d'apprécier si le guichet unique fonctionne bien et s'il reste le moyen le plus approprié pour la prestation de services. Deuxièmement, la prestation de services, normalement, intègre inévitablement un élément humain, et la culture organisationnelle va de pair avec l'amélioration continue.

Les études de cas indiquent que des caractéristiques importantes pour les guichets uniques sont d'être ouvert aux idées expérimentales et aux essais, de communiquer de façon transparente et d'inspirer confiance, et d'avoir pour socle les éléments d'information communiqués par les usagers. Par exemple, dans leur réponse à l'enquête, les responsables du *Primary Authority* britannique notaient l'existence quasi systématique de dispositions légales prévoyant des évaluations réglementaires post-mise en œuvre. « L'Office for Product Safety and Standards [l'agence responsable du *Primary Authority*] n'a qu'à se louer de la boucle de rétroaction resserrée et du dialogue renforcé avec les parties prenantes, grâce auxquels la mise au point de ses services et de ses politiques se fait de manière itérative et souple ». Ce qui caractérise ces facteurs, c'est qu'ils sont continuellement améliorés au fil du temps – ce qui est déterminant pour la réussite (Encadré 2.35).

Encadré 2.35. Amélioration continue des guichets uniques : expériences tirées d'études de cas

Altinn (Norvège)

Un groupe de référence interdisciplinaire sur la déclaration par voie électronique a lancé le projet ELMER. Le projet a suivi six entreprises pendant un an afin de recenser leurs obligations de déclaration et d'essayer des solutions simples de déclaration dématérialisée utilisant une technologie familière. Entre autres, le projet ELMER a présenté un exemple de conception de formulaire web complexe. Avant tout, l'exemple a démontré que l'utilisation d'une technologie Internet simple ouvrait de nouvelles possibilités pédagogiques qui pouvaient faciliter considérablement l'acte de déclaration auprès des administrations publiques. Le projet ELMER a joué un rôle crucial dans la réussite d'Altinn par la suite, en introduisant une nouveauté : la même présentation, la même ergonomie de bout en bout, pour tous les services et tous les formulaires.

Cependant, dans la nouvelle plateforme de développement de services qui est actuellement mise au point par Altinn, ELMER ne joue plus un rôle majeur. Une forte expertise a été acquise en matière de conception de services modernes et de compréhension des utilisateurs, et Altinn Studio continuera à assurer une apparence visuelle et une ergonomie communes des formulaires et des services. ELMER est désormais remplacé par le Guide de style d'Altinn Design.

Service Canada

Une série d'améliorations ont été apportées récemment à certains des services publics fournis par Service Canada, notamment :

- Emploi et Développement social Canada (EDSC) offre maintenant des services de clavardage vidéo dans 32 Centres Service Canada afin de réduire les files d'attente et d'offrir un service en personne plus rapide et plus pratique. Les postes de travail virtuels permettent aux usagers de parler en personne avec un agent de service aux citoyens qui apparaît à l'écran pour les aider, mais qui peut se trouver dans une autre région du Canada. Plus de 3 100 Canadiens ont maintenant vécu cette expérience grâce à des projets pilotes réussis dans les Centres Service Canada de Brandon et de Winnipeg (Manitoba), de Kingston (Ontario), de Saint-Léonard (Québec), de Fredericton (Nouveau-Brunswick) et, en octobre 2018, au nouveau Centre Service Canada phare de Toronto–North York (Ontario). À l'heure actuelle, le taux de satisfaction des usagers est de 93 % pour l'expérience de clavardage vidéo. En donnant accès à un plus grand nombre de personnes (en personne et virtuellement), EDSC peut offrir aux Canadiens un service plus rapide sans sacrifier la qualité.

> - L'application mobile Guichet-Emplois offre aux Canadiens un moyen facile et pratique de chercher un emploi pendant qu'ils sont en déplacement. Lancée en février 2018, l'application Guichet-Emplois est disponible pour iOS et Android. Au 31 mai 2019, l'application avait été installée plus de 200 000 fois.
>
> Sources : *Altinn*, réponses à l'enquête 2019 de l'OCDE sur les guichets uniques ; *Service Canada*, réponses à l'enquête 2019 de l'OCDE sur les guichets uniques.

Dans le contexte de la politique de la réglementation, il est important d'intégrer l'analyse d'impact dès le début du processus visant à formuler des projets de réglementation (OCDE, 2012[7]). Les processus d'analyse d'impact permettent de tester auprès du public des solutions réglementaires et non réglementaires à des problèmes rencontrés dans l'élaboration des politiques. Les études de cas montrent que les guichets uniques qui fonctionnent bien sont ceux où la prestation de services est centrée sur l'utilisateur. Une analyse d'impact est un bon moyen de recueillir l'avis des utilisateurs pour éclairer la conception des guichets uniques.

Elle peut être utilisée dans la phase de conception des guichets uniques, ainsi qu'au moment de changements importants. L'analyse d'impact est l'occasion pour les utilisateurs de faire savoir aux responsables de l'action publique comment eux vivent réellement les choses. Cela peut aider les décideurs à avoir une meilleure connaissance et une compréhension plus approfondie des problèmes auxquels les utilisateurs sont confrontés, tout en apportant d'importants éléments d'éclairage pour aider à trouver des solutions. Ce sont là des aspects élémentaires d'un bon processus d'élaboration de la politique, comme on l'a dit plus haut ; pourtant, ils ne sont pas toujours conçus dans une optique de prestation. Un aspect connexe est l'importance de solliciter les utilisateurs ; on favorise ainsi une meilleure acceptation des changements par des parties prenantes qui auront été réellement associées à l'élaboration des politiques.

Outre renforcer l'adhésion au projet, l'inclusion des utilisateurs peut avoir bien des effets positifs sur le plan économique, tels que :

- réduire encore les coûts de transaction pour les entreprises, ce qui, en stimulant la concurrence dans leur secteur d'activité, peut, in fine, faire baisser les prix et améliorer le bien-être de la société ;
- réduire le coût de la prestation des services pour les administrations – par exemple, en incitant à trouver des moyens moins onéreux pour assurer la fourniture des services d'information et de transaction aux entreprises et aux citoyens ;
- réduire le coût des mesures d'application et de contrôles pour les pouvoirs publics (et, pour les entreprises, celui des amendes etc. qui en découlent), puisque les utilisateurs, mieux informés, sont plus susceptibles des respecter les règles ;
- réduire les ressources nécessaires au fil du temps pour les entreprises, les particuliers et les administrations, grâce à des boucles de rétroaction dans lesquelles les problèmes (nouveaux ou récurrents) peuvent être rapidement repérés et traités.

Les analyses d'impact portant sur les guichets uniques devraient chercher à inclure ces facteurs en se fondant sur les contributions des utilisateurs. Les autres éléments à inclure sont : une description claire de la raison d'être et des objectifs des guichets uniques ; un examen critique des solutions de rechange ; les gains escomptés, et leurs bénéficiaires potentiels ; les coûts associés, et ceux qui les supportent ; la manière dont la performance du guichet unique sera évaluée dans le temps. Une approche de ce type dans les études de cas est celle mise en œuvre à la création du *Primary Authority* au Royaume-Uni (Encadré 2.36).

Encadré 2.36. Analyse d'impact pour les guichets uniques : l'exemple du *Primary Authority*

La création du dispositif *Primary Authority* au Royaume-Uni en 2008 résulte des conclusions d'une étude indépendante, dont une des plus significative était que la fragmentation au niveau des collectivités locales avait accru l'incertitude et la charge administrative pour les entreprises.

L'analyse d'impact a mis en évidence quatre objectifs clés du dispositif *Primary Authority* : une définition plus efficace des priorités par le gouvernement central ; des niveaux d'inspection et d'application plus homogènes ; une plus grande cohérence dans l'application du principe d'autorité principale ; et une évaluation des risques plus coordonnée.

L'analyse d'impact a mis en évidence les coûts et avantages attendus de la mise en place du système de *Primary Authority*, grâce à des évaluations séparées des fonctions de coordination, des sanctions civiles et des contraintes réglementaires envisageables. L'analyse d'impact a distingué des bénéfices non monétisables, à savoir : pour les autorités locales, les retombées potentielles sur l'économie et le développement de leur rôle d'autorité principale dans un partenariat ; pour le gouvernement central, une connaissance affinée (avis et constats) des pratiques des autorités locales en matière d'application de la réglementation. Enfin, l'analyse d'impact a mis en évidence des hypothèses et des risques clés : le nombre de partenariats adoptés ; l'ampleur des économies réalisées au titre du dispositif par les entreprises et par les autorités locales ; le temps et les tâches nécessaires à l'établissement des partenariats ; la mesure dans laquelle les autorités locales ont recours au recouvrement des coûts.

L'évaluation réglementaire annoncée dans l'analyse d'impact aurait lieu trois ans après la mise en place du dispositif et porterait sur les points suivants : l'ampleur du recours aux partenariats de *Primary Authority* ; l'étendue de l'avantage procuré aux entreprises ; toute charge imprévue pour les autorités locales résultant de leur participation à un partenariat d'autorité principale ; l'effet du mécanisme de recouvrement des coûts dans le financement du système.

Source : (Department for Business, Enterprise & Regulatory Reform, 2008[37]).

Références

Administrative Modernisation Agency (2016), *Citizen Spot*, https://www.ama.gov.pt/web/english/citizen-spot. [45]

Agência Para A Modernização Administrativa (2019), *Academia AMA: Competências & Formação*, (non publié). [55]

Askim, J. et al. (2011), « One-stop shops for social welfare, the adaptation of an organizational form in three countries », *Public Administration*, vol. 89/4, pp. 1451-1468, https://onlinelibrary.wiley.com/doi/pdf/10.1111/j.1467-9299.2011.01933.x. [24]

Christensen, T. et P. Lægreid (dir. pub.) (2006), *Autonomy and Regulation: Coping with Agencies in the Modern State*, Edward Elgar. [32]

Christensen, T., A. L. Fimreite et P. Lægreid (2007), « Reform of the employment and welfare administrations - the challenges of co-ordinating diverse public organizations », *International Review of Administrative Sciences*, vol. 73/3, pp. 389-408, https://journals.sagepub.com/doi/pdf/10.1177/0020852307081149. [31]

Department for Business, Enterprise & Regulatory Reform (2008), *Impact Assessment: Regulatory Enforcement and Sanctions Bill*, https://www.legislation.gov.uk/ukia/2008/104/pdfs/ukia_20080104_en.pdf. [37]

Department of Business, Enterprise and Innovation (2019), *Taking Care of Business*, https://dbei.gov.ie/en/What-We-Do/Supports-for-SMEs/Taking-Care-of-Business/. [30]

École de la fonction publique du Canada (sans date), *Secteurs d'activité*, https://www.csps-efpc.gc.ca/About_Us/Business_lines/index-fra.aspx. [53]

Emploi et Développement social Canada (2018), *Audit du versement des prestations spéciales du régime d'assurance-emploi*, https://www.canada.ca/fr/emploi-developpement-social/ministere/rapports/verification/2018-versement-prestations-speciales-assurance-emploi.html. [54]

Fox, M. (2010), *Directgov 2010 and beyond: revolution not evolution*, https://www.gov.uk/government/publications/directgov-2010-and-beyond-revolution-not-evolution-a-report-by-martha-lane-fox. [10]

GKV Spitzenverband (2018), *Bericht Betrieb des Informationsportal „Sozialversicherung für Arbeitgeber"*. [57]

Gouvernement de la Norvège (2016), *Altinn share of users by age and gender*, https://public.tableau.com/views/Altinnusebyageandgender2016/Dashboard1?:embed=y&:display_count=yes&publish=yes&:origin=viz_share_link&:showVizHome=no. [61]

Gouvernement de la Norvège (2016), *Altinn user survey*, https://public.tableau.com/profile/difi#!/vizhome/AltinnBrukerunderskelse_0/Dashboard1. [62]

Gouvernement de l'Allemagne (s.d.), *Sozialgesetzbuch (SGB) Viertes Buch (IV) - Gemeinsame Vorschriften für die Sozialversicherung*. [56]

Gouvernement du Canada (2019), *The City of Courtenay joins BizPaL, Strengthening Local Businesses*, https://www.canada.ca/en/innovation-science-economic-development/news/2019/06/the-city-of-courtenay-joins-bizpal-strengthening-local-businesses.html. [22]

Gouvernement du Canada (2015), *Évaluation du service PerLE d'Innovation, Sciences et Développement économique Canada*, https://www.ic.gc.ca/eic/site/ae-ve.nsf/fra/h_03810.html. [20]

Gouvernement du Canada (2011), *Archivé — Évaluation du service PerLE d'Industrie Canada*, https://www.ic.gc.ca/eic/site/ae-ve.nsf/fra/h_03356.html. [19]

GOV.UK (2018), *Government Digital Service Blog*, https://gds.blog.gov.uk/2018/12/07/a-gds-story-2018/. [15]

GOV.UK (2018), *Government Digital Service Blog*, https://gds.blog.gov.uk/2018/10/17/building-a-better-gov-uk-step-by-step/. [44]

GOV.UK (2014), *How sharing helps us improve digital services*, https://gds.blog.gov.uk/2014/08/22/how-sharing-helps-us-improve-digital-services/. [51]

GOV.UK (2014), *Revealing the hidden side of transformation*, https://gds.blog.gov.uk/2014/12/17/revealing-the-hidden-side-of-transformation/. [50]

GOV.UK (2013), *Digital Transformation in 2013: The strategy is delivery. Again.*, https://gds.blog.gov.uk/2013/01/06/digital-transformation-in-2013-the-strategy-is-delivery-again/. [14]

GOV.UK (2013), *Government Digital Service Blog*, https://gds.blog.gov.uk/2013/01/17/gov-transaction-costs-behind-data/. [64]

GOV.UK (2012), *Government design principles*, https://www.gov.uk/guidance/government-design-principles. [49]

GOV.UK (2012), *Government Digital Service Blog*, https://gds.blog.gov.uk/2012/05/14/feedback-isnt-just-for-cobain-and-hendrix-what-we-heard-from-the-inside-government-beta/. [13]

GOV.UK (2011), *Government Digital Service Blog*. [12]

GOV.UK (2010), *Government Digital Services Blog*, https://gds.blog.gov.uk/story-2010/. [11]

GOV.UK (s.d.), *Platform as a Service*, https://www.cloud.service.gov.uk/. [34]

GOV.UK (s.d.), *Service Toolkit*, http://www.gov.uk/service-toolkit. [35]

GOV.UK (s.d.), *Step by step navigation*, https://design-system.service.gov.uk/patterns/step-by-step-navigation/. [43]

GOV.UK Service Manual (2018), *Measuring the success of your service*, https://www.gov.uk/service-manual/measuring-success/measuring-the-success-of-your-service. [63]

Government Digital Service (2019), *Government Technology Innovation Strategy*, https://www.gov.uk/government/publications/the-government-technology-innovation-strategy. [16]

Hallux Consulting (2008), *Archivé — Examen du service PerLE — Rapport final*, https://www.ic.gc.ca/eic/site/ae-ve.nsf/fra/02872.html. [41]

HM Treasury, Royaume-Uni (2005), *Reducing administrative burdens: effective inspection and enforcement*, http://news.bbc.co.uk/nol/shared/bsp/hi/pdfs/bud05hampton_150305_640.pdf. [36]

Hurk, J. (2008), *Standard Cost Model for Citizens - User's guide for measuring administrative burdens for Citizens*, Ministère des Affaires intérieures et des Relations au sein du Royaume, La Haye. [2]

Informationstechnische Servicestelle der Gesetzlichen Krankenversicherung GmbH (ITSG) (2013), *Machbarkeitsstudie Optimiertes Meldeverfahren in der sozialen Sicherung; Abschlussbericht, Teil 2*, https://www.bmas.de/DE/Themen/Soziale-Sicherung/Optimiertes-Meldeverfahren/optimiertes-meldeverfahren.html (consulté le August 2019). [23]

Informationstechnische Servicestelle der Gesetzlichen Krankenversicherung GmbH (ITSG) (2013), *Pilotanwendungen Informations-portal und Antragswesen, Optimiertes Meldeverfahren in der sozialen Sicherung, Abschlussbericht, Block 4 – Teil 2*, https://www.bmas.de/DE/Themen/Soziale-Sicherung/Optimiertes-Meldeverfahren/optimiertes-meldeverfahren.html (consulté le August 2019). [18]

Informationstechnische Servicestelle der Gesetzlichen Krankenversicherung GmbH (ITSG) (s.d.), *Projekt des BMAS: Optimiertes Meldeverfahren in der sozialen Sicherung (OMS)*, https://www.itsg.de/studien/oms/ (consulté le August 2019). [17]

Kubiceck, H. et M. Hagen (2000), *'One Stop Government in Europe: An Overview', One Stop Government in Europe: Results from 11 National Surveys*, Université de Bremen. [38]

Ministry of Housing, Communities and Local Government (2018), *Local Digital Declaration*, https://localdigital.gov.uk/declaration/. [40]

OCDE (2020), *Axer le secteur public sur les données : marche à suivre*, Éditions OCDE, Paris, https://dx.doi.org/10.1787/0090312e-fr. [28]

OCDE (2018), *OECD Digital Government Toolkit, Digital Government Strategies: Good Practices, Portugal: Digital Mobile Key*, http://www.oecd.org/gov/portugal-digmobile-keydocx.pdf. [52]

OCDE (2017), *Proposed General Guidelines for Digital Service Delivery, Réunion OCDE des hauts responsables de l'administration électronique, Lisbonne, 21-22 septembre*, Éditions OCDE, Paris. [60]

OCDE (2014), *Recommandation du Conseil sur les stratégies numériques gouvernementales*, Éditions OCDE, Paris, https://legalinstruments.oecd.org/fr/instruments/OECD-LEGAL-0406. [1]

OCDE (2013), *A comparative study of One-Stop Shops in selected OECD countries: Background paper*. [8]

OCDE (2012), *Measuring Regulatory Performance: A Practitioner's Guide to Perception Surveys*, Éditions OCDE, Paris, http://www.oecd-ilibrary.org/governance/measuring-regulatory-performance_9789264167179-en. [59]

OCDE (2012), *Recommandation du Conseil concernant la politique et la gouvernance réglementaires*, Éditions OCDE, Paris, https://www.oecd.org/fr/gov/politique-reglementaire/Recommendation%20with%20cover%20FR.pdf. [7]

OCDE (2011), *Pourquoi la simplification administrative est-elle si compliquée? : Perspectives au-delà de 2010*, Éliminer la paperasserie, Éditions OCDE, Paris, https://dx.doi.org/10.1787/9789264089778-fr. [4]

OCDE (2009), *Strengthening of Economic Competition and Regulatory Improvement for Competitiveness in Mexico: case study on British Columbia, Canada*, https://www.oecd.org/gov/regulatory-policy/44981275.pdf. [21]

OCDE (2006), *Éliminer la paperasserie : Des stratégies nationales pour simplifier les formalités administratives*, Éditions OCDE, Paris. [5]

OCDE (2003), *Éliminer la paperasserie : La simplification administrative dans les pays de l'OCDE*, Éditions OCDE, Paris. [3]

OCDE (2003), *Politiques de régulation dans les pays de l'OCDE : De l'interventionnisme à la gouvernance de la régulation*, Examens de l'OCDE de la réforme de la réglementation, Éditions OCDE, Paris, https://dx.doi.org/10.1787/9789264277434-fr. [6]

OCDE (à paraître), *Best Practice Principles for Regulatory Policy: Reviewing the Stock of Regulation*. [58]

Office of Product Safety and Standards (R.-U.) (2019), *Primary Authority helps SA Brain & Co with Food Safety*, https://www.gov.uk/government/case-studies/primary-authority-helps-sa-brain-co-with-food-safety. [48]

Organisation des Nations Unies (2005), *Recommendation and Guidelines on establishing a Single Window to enhance the efficient exchange of information between trade and government*, United Nations Publications, https://www.unece.org/fileadmin/DAM/cefact/recommendations/rec33/rec33_trd352e.pdf. [9]

Pollitt, C. et G. Bouckaert (2004), *Management Reform: A Comparative Analysis*, Oxford University Press. [33]

Presidência do Conselho de Ministros (2015), *Resolução do Conselho de Ministros n.º 42/2015*, https://dre.pt/home/-/dre/67540636/details/maximized?p_auth=7PgkXEza. [47]

Primary Authority evaluation (2013), *Primary Authority evaluation*, https://www.gov.uk/government/publications/primary-authority-evaluation. [65]

PWC (2016), *Transforming the citizen experience: One Stop Shop for public services*, https://www.pwc.com/gx/en/government-public-sector-research/pdf/one-stop-shop-2016.pdf. [42]

Sozialgesetzbuch (SGB) Neuntes Buch (IX) (sans date), *Rehabilitation und Teilhabe von Menschen mit Behinderungen*, § 19-23. [29]

Sullivan, H. et C. Skelcher (2002), *Working Across Boundaries: Collaboration in Public Services*, Palgrave McMillan. [39]

UK Government (2013), *Government Digital Strategy: December 2013*, https://www.gov.uk/government/publications/government-digital-strategy/government-digital-strategy. [26]

UK Government (2013), *Government Digital Strategy: reports and research*, https://www.gov.uk/government/collections/government-digital-strategy-reports-and-research#progress-reports. [27]

UK Government (2012), *Government Digital Strategy*, https://www.gov.uk/government/publications/government-digital-strategy. [25]

van Ooijen, C., B. Ubaldi et B. Welby (2019), « A Data-Driven Public Sector: Enabling the Strategic Use of Data for Productive, Inclusive and Trustworthy Governance », *Documents de travail de l'OCDE sur la gouvernance publique*, n° 33, Éditions OCDE, Paris, https://dx.doi.org/10.1787/09ab162c-en. [46]

3 Études de cas

PerLE (Canada)

Historique

Le service PerLE a été créé en 2005, à titre expérimental, en collaboration avec un groupe constitué des gouvernements participants de deux provinces et d'un territoire. L'apport financier initial du gouvernement fédéral s'est monté à 2.5 millions CAD.

La plateforme a connu une croissance assez organique, d'autres échelons de l'administration publique ayant constaté les avantages qu'elle avait apportés aux entreprises. C'est aux provinces et territoires qu'a été confiée la responsabilité exclusive de mobiliser la participation des municipalités. Un problème est apparu à cet égard dans les premiers temps, l'expansion du programme ayant été en grande partie privilégiée au détriment de la qualité des services qu'il pouvait assurer. Cette approche a quasiment disparu avec l'arrivée à maturité du programme, priorité ayant alors été donnée au contenu proposé aux utilisateurs.

Niveau de gouvernement

Le service PerLE réunit actuellement le gouvernement fédéral et les gouvernements provinciaux, territoriaux et municipaux. Dix-sept ministères/organismes fédéraux lui fournissent du contenu. Tous les gouvernements provinciaux et territoriaux y participent, de même que 1 058 municipalités et quatre gouvernements autochtones qui, ensemble, couvrent 80 % de la population canadienne.

Clients

Ses clients sont des entreprises, notamment des PME.

Ses activités

Le service PerLE permet aux entreprises canadiennes de déterminer facilement les permis et licences dont elles ont besoin pour créer et développer une activité, ainsi que la façon de les obtenir. Plus de 14 450 permis et licences, relevant de différents échelons de gouvernement, sont enregistrés dans sa base de données.

Son fonctionnement

Le service PerLE est géré conjointement par un partenariat auquel participent le gouvernement fédéral et les gouvernements provinciaux, territoriaux et municipaux. Ce partenariat fonctionne selon un modèle commun de gouvernance et de partage des coûts, décrit dans la Lettre d'entente intergouvernementale (LEI) entre les différents niveaux - fédéral, provincial et territorial – de l'administration.

Innovation, Sciences et Développement économique (ISDE) Canada dirige le service PerLE pour le compte du gouvernement du Canada, et en assure l'intendance par l'intermédiaire du Bureau national de PerLE (BNP).

Le BNP est chargé de gérer la structure de gouvernance centralisée ; il tient lieu de centre d'expertise, assure le développement du contenu fédéral du service, ainsi que la conception et le développement du site web. Le contenu de PerLE est également intégré au site web de chacun des partenaires provinciaux, territoriaux et municipaux.

Le Comité directeur (CD), principal organe directeur de PerLE, est responsable de la prise de décisions. Chacun de ses membres représente son territoire de compétence (ISDE, ministères fédéraux, provinces, territoires, municipalités) ; cette perspective nationale plus large oriente la gouvernance du service PerLE, les questions horizontales étant abordées dans le cadre d'une approche fondée sur le consensus et associant l'ensemble des administrations publiques.

Le partenariat est financé par le biais d'un compte à fins déterminées (CFD) auquel chaque partenaire verse une contribution annuelle.

Les activités qui doivent être menées dans le cadre du partenariat sont énoncées dans le budget du CFD, qui est approuvé par le Comité directeur.

Le modèle de partage des coûts défini d'un commun accord se fonde sur la population ; il couvre les frais d'hébergement et de maintenance du système, et le coût des activités liées à la fonction centralisée du service.

Types de services proposés

Le service PerLE couvre de nombreux domaines de l'action publique. À l'échelon fédéral, il fournit des informations relatives aux échanges internationaux, à la pêche et à l'environnement. Au niveau provincial et territorial, les renseignements portent entre autres sur la prospection et l'exploitation minière, les jeux de hasard, l'immobilier, l'utilisation des pesticides, et les services d'accueil des enfants. Au niveau municipal, ils sont plus spécialisés et ont notamment trait au zonage et à l'aménagement, à l'utilisation des routes, aux entreprises à domicile et aux services d'alimentation.

Des informations concernant les licences et permis exigés dans ces différents domaines d'activité ou de l'action publique sont communiquées aux entreprises en activité ou futures. Elles sont donc sommaires en ce sens que le service n'offre pas, pour l'heure, d'assistance pour satisfaire aux obligations réglementaires. Cela dit, PerLE examine actuellement les possibilités de se convertir en un guichet unique transactionnel de manière à proposer aux entreprises clientes des conseils et des orientations pour les aider à remplir ces obligations.

À l'heure actuelle, l'offre de services est intégrée, de sorte qu'une entreprise établie dans une région peut obtenir la liste des formalités réglementaires à remplir à l'échelon municipal, provincial, territorial et fédéral.

Moyens de communication

Le service PerLE est un service en ligne destiné aux entreprises canadiennes.

Guichet unique d'information, il répertorie les licences et permis exigés par la réglementation. À ce stade, il ne fournit cependant aucune assistance aux entreprises dans l'accomplissement de ces démarches. C'est toutefois un domaine dans lequel il envisage de développer son activité afin d'apporter une aide plus complète aux entreprises. Le service examine actuellement le modèle le plus approprié pour offrir les services d'un guichet unique transactionnel. Il importe que ce modèle autorise l'interopérabilité des différents systèmes compte tenu de l'ampleur de la base de données sur les permis et licences.

Principales caractéristiques

Gouvernance

- Les objectifs du programme PerLE dérivent de la *Loi sur le ministère de l'Industrie de 1995*, qui vise à apporter une aide coordonnée aux petites et moyennes entreprises. Par ailleurs, ses activités ont été jugées conformes aux objectifs prioritaires du gouvernement fédéral d'appuyer les entreprises et d'alléger les formalités administratives, et correspondent aux priorités d'Innovation, Science et Développement économique Canada, axées sur l'aide à apporter aux entreprises pour favoriser leur compétitivité. Néanmoins, compte tenu de la structure de gouvernance du gouvernement canadien, ce mandat ne s'applique qu'au niveau fédéral, ce qui a créé des difficultés, les objectifs de chaque territoire de compétence (fédéral, provincial, territorial, municipal ou autochtone) n'obéissant pas toujours à des mandats et priorités homogènes.

Suivi et évaluation

- Le système PerLE a mis en place un programme de suivi et d'évaluation. Il fait appel à Google Analytics pour suivre l'utilisation du service par ses clients. Les données sont analysées de manière à déterminer l'affectation la plus rentable des ressources parmi les domaines couverts par son offre d'informations. Des cadres de gestion du rendement sont établis et examinés chaque année.
- Le service a été évalué à plusieurs reprises ; il fait par ailleurs l'objet d'un programme quinquennal d'évaluation pour vérifier que son financement continue de se justifier. La Fédération canadienne de l'entreprise indépendante a procédé à un bilan de ses activités. Une analyse de rentabilité et des vérifications auprès des clients sont également conduits. Une vaste campagne d'évaluation de la satisfaction des clients est prévue pour 2019.

Autres questions

- Les utilisateurs peuvent déposer des réclamations par l'intermédiaire d'un compte de courriel générique sur le site. Les liens inopérants font l'objet de rapports communiqués au partenariat. Chaque territoire de compétence est chargé d'actualiser son contenu dans des délais précis. Des tests de fonctionnement sont conduits à intervalles réguliers.
- Outre l'évolution envisagée vers la mise en place d'un guichet unique transactionnel, le programme PerLE a lancé une campagne de commercialisation auprès des entreprises pour mieux faire connaître ses services. Une mise à jour du site devrait par ailleurs intervenir, sous la forme de nouveaux graphismes et d'une amélioration de l'outil de recherche.

Principaux enseignements

- Un constat clé est que le bon fonctionnement du service et son développement dans le temps tiennent essentiellement à la souplesse de son modèle de gouvernance, qui lui a permis d'évoluer rapidement (voir plus haut).
- Les évaluations périodiques du service ont permis de vérifier que les dépenses publiques qui lui sont liées continuent de se justifier. Elles ont également mis en lumière les enjeux et les solutions apportées à divers problèmes au cours de son existence, depuis les objectifs de croissance initiaux jusqu'aux solutions technologiques, en passant par la validité de son modèle de gouvernance face au nombre croissant de territoires adhérents. Elles ont favorisé l'établissement d'une culture d'ouverture et de concertation au sein de l'organisation.

Service Canada

Historique

Les origines de *Service Canada* remontent à 1998, année où le Gouvernement du Canada a entrepris d'élaborer une stratégie de service intégrée fondée sur des études détaillées des besoins et attentes de la population. Le service a été créé en 2005 sous forme de point d'accès unique à de nombreux programmes et services gouvernementaux comptant parmi les plus importants et les plus connus (Régime de pensions du Canada (RPC), Sécurité de la vieillesse (SV), Assurance-emploi, et service des passeports par exemple). Il gère le centre d'appel du gouvernement (1 800 O-Canada), son site internet (Canada.ca), et les « points de service » par l'intermédiaire desquels les Canadiens peuvent obtenir des informations sur les programmes du Gouvernement du Canada (GC).

Service Canada relève du ministère fédéral Emploi et Développement Social Canada (EDSC) et opère dans le cadre du mandat législatif de la Loi sur le ministère de l'Emploi et du Développement social.

Niveau de gouvernement

Des amendements ont récemment été apportés à la Loi sur le ministère de l'Emploi et du Développement social, qui autorisent l'EDSC à fournir des services à différents niveaux du gouvernement (fédéral, provincial, territorial, municipal) ou à toute autre entité partenaire désignée par le gouverneur en conseil.

L'EDSC collabore également avec d'autres niveaux de l'administration publique pour assurer la prestation de services physiques en un lieu unique. La ville d'Ottawa, le gouvernement de l'Ontario et le Gouvernement du Canada ont ainsi mis en place un centre d'accueil commun qui offre aux clients un accès aux services fédéraux, provinciaux et municipaux.

Clients

Service Canada propose un éventail de programmes et de services qui s'adressent aux Canadiens tout au long de leur vie et les aident à en franchir les différentes étapes : entrée dans la vie active, changement d'emploi, sortie du chômage, retraite.

Ses activités

Service Canada assure certains des programmes et services gouvernementaux les plus importants et les plus connus, notamment les suivants :

- Nourrissons et enfants : numéro d'assurance sociale
- Jeunes : Prêts canadiens aux apprentis
- Adultes : Assurance-emploi
- Aide aux employeurs : Programme des travailleurs étrangers temporaires
- Aide aux populations vulnérables : programmes destinés aux Autochtones, Supplément de revenu garanti, Prestations de maladie de l'assurance-emploi, Prestation d'invalidité du Régime de pensions du Canada
- Seniors : Régime de pensions du Canada, Sécurité de la vieillesse
- Appui aux organismes à but lucratif et non lucratif et aux universités au travers de programmes de dons et de contributions
- Ensemble des Canadiens : délivrance de passeports

Son fonctionnement

Les autorisations de dépenses effectuées par l'EDSC sont établies par les lois de finance annuelles ou d'autres lois, comme la Loi sur l'assurance-emploi, qui autorisent les paiements approuvés par le Parlement du Canada dans le cadre du processus budgétaire annuel. Les financements sont annuels, mais peuvent être pluriannuels ou spécifiquement prévus par la loi dans des circonstances particulières.

Les partenariats entre *Service Canada* et d'autres ministères ou niveaux du gouvernement sont gérés en vertu d'accords qui en définissent le cadre, notamment les fonctions et responsabilités, les considérations relatives à la confidentialité, au recouvrement des coûts et d'autres éléments. Le partenaire assume la responsabilité de l'ensemble du programme, *Service Canada* se chargeant de la prestation des services. Les accords entre institutions fédérales ne sont pas juridiquement contraignants ; ils constituent plutôt des ententes entre ces organismes.

Types de services proposés

Les informations générales sur les programmes et services de *Service Canada* peuvent être obtenues en ligne, par téléphone et aux guichets, dans les deux langues officielles. Néanmoins, comme *Service Canada* évolue vers un modèle qui donne priorité au numérique, la prestation de ses services varie d'un programme à l'autre. En 2017-18, EDSC a engagé la mise en œuvre du Plan de transformation des services, une feuille de route pour la transformation et la modernisation de ses services au cours des prochaines années. En août 2018, par exemple, le ministère a instauré l'inscription automatique au Supplément de revenu garanti (SRG), inspirée par la réussite du programme d'inscription automatique à la pension de la Sécurité de la vieillesse (SV). Au 30 avril 2019, plus de 1.1 million de seniors avaient été informés qu'ils n'avaient pas besoin de déposer une demande de pension au titre de la SV puisque l'inscription était automatique depuis 2013. Environ 15 000 seniors sont désormais informés chaque mois qu'ils seront automatiquement inscrits aux deux programmes (SDR et SV).

Moyens de communication

S'agissant des services en ligne, *Service Canada* exerce une présence numérique sur le site Canada.ca qui publie des informations générales sur les programmes et services disponibles. Le ministère propose par ailleurs d'autres instruments qui permettent aux particuliers et aux entreprises de visualiser et d'actualiser les renseignements les concernant et d'effectuer des opérations en ligne.

En ce qui concerne les services téléphoniques, le service 1 800 O-Canada fournit des renseignements d'ordre général sur les programmes, services et initiatives du Gouvernement du Canada, ainsi que sur les moyens d'en bénéficier. Ces services sont ouverts du lundi au vendredi, de 8 heures à 17 heures (heure locale). Le Centre d'appel est en outre constitué de réseaux spécialisés qui ont pour mission d'aider les Canadiens à obtenir des informations concernant l'assurance-emploi (AE), le Régime de pensions du Canada (RPC), la Sécurité de la vieillesse (SV), ainsi que les services aux employeurs. Les clients peuvent consulter et mettre à jour les informations relatives à l'AE, le RPC et la SV les concernant. La section consacrée à l'assurance-emploi en particulier leur permet d'obtenir des renseignements sur leurs demandes en cours et passées (état d'avancement, correspondance, autres détails et paiements), 24 heures sur 24, 7 jours sur 7.

Enfin, *Service Canada* dispose de 611 points de service qui assurent l'accueil de la clientèle, dont 209 dans les deux langues officielles ; tous fournissent leurs services dans l'une ou l'autre langue officielle par téléphone. À l'heure actuelle, un projet pilote de conversation vidéo offre aux Canadiens qui se rendent dans les Centres Services Canada (CSC) la possibilité d'utiliser cette technologie pour dialoguer avec des agents de services aux citoyens dans d'autres bureaux de la région. Ce système améliore l'accès aux agents, et permet de répartir la charge de travail dans les bureaux faisant face à un volume élevé de demandes.

Service Canada fait également appel aux médias pour diffuser des informations d'ordre général.

Principales caractéristiques

Coopération et coordination

- EDSC et *Service Canada* ont toujours fait une place privilégiée à l'expérimentation. Cette culture n'est pas le fruit d'une stratégie officielle, mais tient plutôt à ce que ces deux organismes estiment avoir pour fonction de satisfaire au mieux aux besoins des clients. Le Fonds pour l'accessibilité, par exemple, va expérimenter de nouvelles méthodes pour augmenter le nombre de jeunes participants admissibles chargés d'établir un partenariat avec un organisme et de l'encourager à présenter une demande de financement au titre de la composante Innovation jeunesse. Le programme examinera en outre les moyens de mettre en œuvre un nouveau mécanisme d'admission afin de dégager des gains d'efficience et de mieux répondre aux besoins des candidats. Par ailleurs, le ministère expérimente actuellement de nouvelles approches visant à réduire la charge administrative des organismes qui aident les populations vulnérables à accéder aux programmes de dons et de contributions et les obstacles auxquels ils se heurtent dans cette démarche. Cette culture de l'expérimentation est en phase avec la priorité accordée par le Gouvernement du Canada à l'apprentissage continu et à l'innovation.

Définition précise des fonctions

- *Service Canada* met actuellement au point des méthodes simples, pratiques et uniformisées pour faire participer le public et d'autres usagers finaux à l'élaboration des mesures associées aux programmes et services d'EDSC. Cette démarche vise à assurer que la prestation des services est bel et bien guidée par les clients. En 2018, par exemple, le ministère a organisé des groupes de discussion avec des jeunes pour évoquer la question de l'emploi. D'autres débats ont été organisés avec différentes catégories de clients, notamment les peuples autochtones, les immigrés récents, les handicapés et les personnes vivant dans des régions reculées.
- Un manuel « Politiques centrées sur le client » a été publié par le ministère pour présenter à ses agents les idées, les pratiques optimales, les instruments et les moyens qui leur permettront de mobiliser les clients.

Capital humain

- *Service Canada* fait de la gestion et la valorisation des ressources humaines une priorité, estimant que ses employés doivent être dotés des connaissances, des compétences et des comportements appropriés, et qu'ils doivent partager ses valeurs et ses convictions. Le Collège de *Service Canada* a été créé en 2005 pour assurer la formation des agents de l'organisation, auxquels il propose des cours et des programmes uniformes. Sa création a été motivée par la qualité très variable que présentait à l'époque la prestation des services. Son objectif était d'assurer la fiabilité et le professionnalisme des services fournis en sensibilisant les agents aux principes d'excellence de service. Sa pierre angulaire est le Programme d'accréditation en excellence du service, un programme de formation appliquée qui prévoit un accompagnement dans l'exercice des fonctions professionnelles, un enseignement en classe et des séances de suivi en ligne, qui viennent compléter une formation fonctionnelle et opérationnelle. La formation en excellence du service a été mise au point et initialement dispensée par *Service Canada*, mais a été transférée en 2014 à l'École de la fonction publique du Canada (EFPC). Elle est ouverte à tous les employés fédéraux.

Suivi et évaluation

- L'évaluation s'effectue au travers de consultations du site et des comptes de médias sociaux, de visites dans les centres d'accueil, et d'appels au numéro des informations générales (1 800). Des indicateurs de résultats officiels ont été établis pour chacun de ces trois modes de prestation de services.

- Le ministère mène également des sondages sur l'expérience client auprès des Canadiens pour mesurer leur satisfaction vis-à-vis des services fournis par *Service Canada*.

- De surcroît, la Politique sur les résultats impose de procéder à intervalles réguliers à une évaluation interne des programmes et de conduire des évaluations complètes pour mesurer leur efficacité et leur efficience dans l'obtention de résultats. Ainsi, les recommandations de l'évaluation de l'automatisation et de la modernisation de l'assurance-emploi se sont traduites par une amélioration du fonctionnement du programme et des services fournis aux Canadiens. Pour donner suite aux conclusions de l'évaluation, *Service Canada* a alloué des ressources à trois programmes clés de modernisation de l'infrastructure des technologies de l'information, à savoir :
  - Migration des centres d'appels vers une plateforme de téléphonie hébergée centralisée
  - Rationalisation de l'infrastructure de technologie de l'information
  - Renforcement de la sécurité.

- Une évaluation pluriannuelle de différents modes de prestation de services est sur le point de s'achever.

Autres questions

- Différents systèmes ont été mis au point, au fil des ans, pour mettre des services numériques à la disposition du public. C'est notamment le cas de Mon dossier Service Canada (MDSC), Guichet-Emplois, Services en ligne des subventions et contributions, Relevé d'emploi, et des applications et systèmes de déclaration de l'AE. La simplification de la procédure d'identification numérique et l'intégration des services pour mieux servir les particuliers et les entreprises ayant des opérations en cours demeurent aujourd'hui prioritaires. Les clients peuvent ainsi accéder aux informations relatives à leurs impôts et prestations sur le site de l'Agence du revenu Canada moyennant une connexion unique sécurisée à Mon dossier Service Canada. Une fois la connexion sécurisée établie sur l'un ou l'autre compte, ils n'ont pas à valider à nouveau leur identification. Les clients du Régime de pensions du Canada peuvent également mettre à jour les renseignements nécessaires au dépôt direct par le biais de l'un ou l'autre compte, et partager ces informations avec l'autre ministère quasiment en temps réel.

- *Service Canada* a lancé le programme Modernisation du versement des prestations, un programme de transformation piloté par les entreprises, en collaboration avec des spécialistes des TI, qui vise à moderniser la prestation de services de l'assurance-emploi (AE), du Régime de pensions du Canada (RPC) et de la Sécurité de la vieillesse (SV). La nouvelle technologie de base et la refonte des processus opérationnels permettront d'améliorer les services et de rationaliser le traitement des prestations d'AE, de RPC et de SV moyennant le partage des données et la simplification politique et législative de l'ensemble des programmes.

- Dans le cadre de la Stratégie d'amélioration des centres d'appel, le ministère a mis en œuvre la migration des centres d'appel d'AE, de RPC et SV et des centres de services aux employeurs vers une solution de centres d'appels hébergés. Cette plate-forme technologique moderne offrira de meilleures fonctionnalités pour assurer des services téléphoniques répondant aux besoins futurs des entreprises.

- Une activité importante du ministère consiste à protéger ses programmes et services contre les erreurs, la fraude et les utilisations abusives. Il a abandonné l'approche consistant à payer et récupérer a posteriori les sommes indues en faveur d'une approche d'intégrité planifiée. Au lieu de consacrer des efforts aux problèmes détectés après versement des prestations, cette méthode vise à intégrer des mesures de contrôle à un programme ou service dès son entrée en vigueur et à toutes les phases de son cycle de vie. Elle est plus complète puisqu'elle met l'accent sur la prévention et la dissuasion, le suivi et la détection, et la lutte contre les erreurs, la fraude, et le recours abusif ou illicite aux services et prestations.

- Le ministère a établi une fonction de cartographie du parcours des clients pour mieux cerner et appréhender leurs échanges avec le ministère et les processus sur lesquels ceux-ci reposent.

Principaux enseignements

- La capacité à s'adapter et à évoluer rapidement de manière à répondre aux besoins et aux attentes des usagers est un facteur décisif pour assurer la prestation de services de qualité centrés sur les clients.

- Tous les modes de services sont importants pour assurer l'accès de tous les Canadiens aux services gouvernementaux. Les services physiques (centres d'information, centres d'appels, partenariats avec d'autres organismes) et numériques doivent œuvrer de concert pour veiller à ce que nul ne soit oublié.

- Regrouper les ressources (personnel en contact avec les usagers, spécialistes des politiques et programmes, ressources en TI, et facilitateurs) pour élaborer ensemble de solutions et favoriser l'innovation.

- Fonder le projet sur des bases solides et définir dès les premières phases les besoins en investissement pour assurer la viabilité et le renouvellement permanent des systèmes opérationnels.

- Collaborer avec de nombreux partenaires dotés de compétences diverses pour appuyer la transformation des services nécessaire à la mise en place de guichets uniques. Les enseignements dégagés de l'expérience des autres sont déterminants pour la réussite du projet.

Informationsportal für Arbeitgeber **(Allemagne)**

Historique

La création du portail d'information destiné aux employeurs (*Informationsportal für Arbeitgeber*), lancé en janvier 2017, s'inscrit dans le cadre d'une entreprise de plus longue haleine visant à numériser et simplifier les obligations de déclaration des employeurs aux organismes d'assurance sociale. Le régime et les services de sécurité sociale allemands sont financés par les employeurs et par des cotisations prélevées sur le salaire des employés assurés. Dans ce contexte, les employeurs sont assujettis à diverses obligations de déclaration et de rapport aux différents organismes de protection sociale (assurance maladie et dépendance, assurance accidents, chômage et retraite) qui constituent le régime légal de sécurité sociale allemand. Dès 2006, des transmissions électroniques sont progressivement venues remplacer ces procédures de déclaration. Cette transformation a généralement été jugée concluante, et a donné un nouvel élan à la simplification et à l'optimisation des procédures d'inscription et de déclaration.

Afin de déterminer les domaines perfectibles, le ministère fédéral du Travail et des Affaires sociales a conduit entre 2012 et 2014 un projet qui a abouti à la décision de créer un guichet unique. En effet, ces travaux concluaient notamment à la nécessité de fournir des informations concernant les différents piliers du système de sécurité sociale allemand sous une forme plus intégrée. Le projet parrainé par le ministère établissait que les employeurs, particulièrement dans les PME, étaient souvent débordés par la complexité des obligations réglementaires et des diverses formalités. Il révélait en outre un manque de soutien, surtout au stade de la collecte de données par l'employeur, avant leur transmission aux organismes de protection sociale.

En décembre 2014, le gouvernement fédéral a officiellement intégré la création du guichet unique à sa stratégie globale de simplification administrative et de réduction des coûts de conformité pour les entreprises. Avec le document intitulé « Questions clés pour réduire la charge des petites et moyennes entreprises », le cabinet fédéral a adopté un large éventail de mesures visant à réduire la bureaucratie et les formalités. Outre la création d'un portail d'information, celles-ci prévoyaient par exemple de poursuivre la mise en place du guichet unique pour la création d'entreprises (« *Guichet unique 2.0* »). Au final, le portail a été légalement établi en 2016 par un amendement au volume IV du Code de la sécurité sociale (*Sechstes Gesetz zur Änderung des Vierten Buches Sozialgesetzbuch und anderer Gesetze*).

En 2018, un premier rapport d'évaluation du portail a abouti à une conclusion favorable et recommandé son maintien et son expansion. Au cours de sa première année d'existence, le portail a enregistré quelque 150 000 visiteurs, chiffre qui devrait augmenter en 2018.

Niveau(x) de gouvernement

Le portail fait l'objet d'une administration et d'une supervision conjointes des organismes de tutelle des quatre piliers du régime d'assurance sociale allemand : l'Association nationale des caisses d'assurance maladie obligatoire, l'Association allemande d'assurance pension, l'Agence fédérale de l'emploi et l'Assurance sociale allemande contre les accidents du travail. Malgré leur statut d'établissement de droit public, ceux-ci organisent et assurent le fonctionnement de la branche du régime de protection sociale dont ils sont responsables selon le principe d'autogestion. L'État établit le cadre juridique, mais les assurés et les prestataires de services s'organisent sous forme d'associations pour fournir sous leur propre responsabilité les prestations sociales.

Clients

Le guichet unique s'adresse aux employeurs, et tout particulièrement aux entreprises récemment créées et aux PME qui embauchent pour la première fois et (ou) ont besoin d'assistance pour satisfaire à leurs obligations légales concernant les différentes branches du régime de sécurité sociale. L'accès au portail est cependant libre et gratuit.

Ses activités

Le portail aide les employeurs et entrepreneurs à définir leurs obligations en termes d'inscription et de déclaration aux organismes d'assurance sociale. Il est spécialement conçu pour ceux qui n'ont guère d'expérience dans ce domaine. Il fournit aussi des informations d'ordre général sur les obligations de déclaration et la loi de cotisations sociales.

Son fonctionnement

Les organismes de protection sociale administrent conjointement le portail par l'intermédiaire d'un comité directeur composé de représentants des différentes associations de tutelle. Le comité se réunit selon les besoins et décide chaque année du programme budgétaire et du portefeuille de services du portail. Les coûts de fonctionnement sont répartis proportionnellement selon une clé fixe qui est inscrite dans la loi portant création du guichet unique.

La gestion et l'exploitation technique du portail ont été confiées à un groupe de travail existant de l'Association nationale des caisses d'assurance maladie obligatoire. Celui-ci avait déjà été chargé de réaliser l'étude liminaire qui devait définir les moyens de simplifier les obligations de déclaration en matière d'assurance sociale et de concevoir le prototype du site. La fourniture et l'actualisation du contenu incombent aux différents organismes de protection sociale.

Types de services proposés

À sa création, le guichet unique a été conçu pour être de nature purement informative, et sa couverture se limite à une catégorie précise de services de protection sociale. Pour les formalités d'inscription et de déclaration, ses utilisateurs sont orientés par des hyperliens sur les sites des organisations compétentes. Néanmoins, un élargissement de ses fonctions est actuellement à l'étude, notamment pour en faire un site plus transactionnel. Il est ainsi prévu de donner aux usagers la possibilité, outre l'obtention des informations demandées, de déposer directement des demandes de certification ou de fournir les déclarations requises par l'intermédiaire du portail. La possibilité de mettre en place une plateforme intégrée à des fins d'inscription et d'information avait déjà été envisagée dans le cadre de l'évaluation d'impact et du développement du portail, et était explicitement mentionnée dans le document de 2014 du gouvernement fédéral sur les questions clés.

Moyens de communication

Le guichet unique est un guichet virtuel intégré. Il présente les obligations auxquelles les employeurs sont assujettis pour inscrire leurs salariés et notifier les cotisations sociales aux différents organismes. Ces renseignements sont exclusivement communiqués par l'intermédiaire de la plateforme numérique en ligne. Le portail ne remplace toutefois pas les offres, virtuelles et matérielles, des différents organismes. Sa fonction consiste plutôt à réunir les informations sur un seul site web, ce qui évite aux employeurs de mener des recherches fastidieuses auprès de différentes sources. Il devrait cependant réduire le nombre de demandes aujourd'hui réorientées sur les permanences téléphoniques d'information des différentes caisses d'assurance sociale.

La structure du portail se fonde sur la notion « d'événements de vie ». Les visiteurs du site ont ainsi le choix entre plusieurs événements : « nouvel employeur » ; « maladie professionnelle », ou « création d'une entreprise » par exemple. Actuellement, leur parcours est guidé par une séquence interactive de questions dichotomiques (oui-non). Il s'agit au final de fournir une synthèse de toutes les informations pertinentes et une liste récapitulative des démarches à suivre correspondant à la situation et aux problèmes concrets de l'employeur. Dans le cas où la demande ne peut être clairement associée à une situation précise, l'usager est renvoyé par un hyperlien sur des informations analogues.

En cas de problèmes techniques, les utilisateurs peuvent aussi contacter directement l'opérateur du site au moyen d'un formulaire en ligne.

Les informations sont fournies en allemand uniquement. L'ajout d'une fonction multilingue est toutefois envisagé. Celle-ci permettrait de traduire la totalité du contenu du site dans une (ou plusieurs) langue(s) européenne(s) officielle(s). La technologie nécessaire est déjà intégrée à la version actuelle du portail.

Principales caractéristiques

Engagement politique

- L'engagement politique résulte de la décision prise en 2014 par le cabinet de créer un portail d'information à l'intention des employeurs. Le portail a en conséquence était légalement établi sous la forme d'un site commun aux institutions concernées. Son objet, sa structure de gouvernance, les fonctions des organismes de sécurité sociale compétents, et la clé de répartition fixe sont donc fermement ancrés dans le code allemand de la sécurité sociale.

Consultation publique

- Les parties prenantes ont participé à plusieurs étapes de la mise en place du guichet unique, y compris à la phase de définition des problèmes. La participation des experts et des parties prenantes compétentes a par exemple été mobilisée au début du processus au travers d'une enquête normalisée et d'ateliers visant à recueillir des informations sur les opérations à intégrer au portail et à définir les coûts de conformité en résultant. Les participants ont par ailleurs été invités à soumettre des propositions concernant l'optimisation et la simplification des opérations ainsi définies. La conception proprement dite du portail a bénéficié de contributions utiles dans le cadre d'une coopération avec d'autres organismes de services aux employeurs.

Cadre juridique

- Lors de l'évaluation des différentes options envisageables réalisée dans le cadre de l'étude de faisabilité, les parties prenantes ont soulevé la question de la communication d'informations juridiquement sûres par l'intermédiaire du guichet unique. Pour des raisons légales, il est impossible de répondre de manière définitive à des questions techniques portant sur des cas particuliers sur le site, notamment parce que les modérateurs de la plateforme ne peuvent donner de réponses juridiquement contraignantes. En conséquence, un avertissement a été ajouté au site qui informe les utilisateurs que les renseignements figurant sur le portail sont fournis à titre d'information et ne sauraient remplacer une évaluation juridique en bonne et due forme des cas particuliers liés à la sécurité sociale.

Suivi et évaluation

- Un mécanisme permanent de suivi et d'évaluation du fonctionnement du portail a apporté des informations qui permettent de définir s'il convient de maintenir et de développer le guichet unique. L'établissement du portail en tant que mission réglementaire des organismes d'assurance sociale a été assorti dès le départ d'une obligation de rapport au gouvernement fédéral deux ans après son entrée en service. Pour satisfaire à cette obligation, plusieurs indicateurs de résultats clés ont été définis, comme le nombre d'utilisateurs et d'''inscriptions, le nombre de clics sur les différentes sous-pages, une analyse de la fonction de recherche du site et la disponibilité du système. L'évaluation a notamment montré que le site est essentiellement utilisé pendant la semaine, ce qui a amené à conclure que les employeurs y font surtout appel à des fins professionnelles. Elle a également constaté que si la plupart des connexions proviennent d'Allemagne, un nombre considérable d'usagers s'y connectent aussi depuis d'autres pays non germanophones.

Autres questions

- La création du guichet unique n'a été que la dernière étape d'une entreprise de plus longue haleine visant à diminuer les coûts de conformité pour les employeurs. La conduite d'une analyse approfondie des formalités et obligations existantes, dont un calcul de référence des coûts de conformité, préalable à la mise en place du guichet, s'est avérée particulièrement utile. Un examen des différents moyens de remédier aux problèmes recensés a été réalisé sur la base de cette évaluation.

Principaux enseignements :

- La conception axée sur l'utilisateur de l'interface de communication apparaît comme un élément déterminant du succès du portail en ligne. Le langage et le contenu du site ont été spécifiquement définis pour être accessibles aux usagers sans expérience préalable des questions de sécurité sociale et des services en ligne. Le portail est en outre conçu de manière à pouvoir fournir des réponses ciblées aux questions des usagers.

- Une condition essentielle était que des experts en sécurité sociale sans compétences en programmation puissent créer et actualiser le contenu du portail de manière autonome. Un programme a donc été mis au point qui convertit automatiquement le contenu au format requis pour le site. La maintenance et la vérification du contenu peuvent ainsi être assurées sans intervention d'un programmateur, ce qui permet de réduire les opérations de maintenance et garantit une mise en œuvre rapide.

- Le guichet unique a pour caractéristique fondamentale de pouvoir être affiché et utilisé simultanément sur les sites des différents organismes d'assurance sociale. Sa mise en place visait entre autres à simplifier et à réduire le volume d'informations déjà fourni sur les différents sites opérés par chacun des organismes. Sa conception a donc prévu une fonction de connexion et d'intégration à d'autres sites. L'interface peut s'adapter à l'apparence de chacun d'eux moyennant un ajustement de son graphisme et l'intégration de leur logo par exemple. Cette fonction s'est révélée particulièrement utile car elle permet à chacun des organismes d'assurance de fournir à ses clients des informations complémentaires personnalisées sans que ceux-ci se rendent compte qu'ils sont sur un autre site. Selon le rapport d'évaluation de 2018, 44 compagnies d'assurance maladie avaient déjà mis en place une connexion de cette nature avec le portail.

Tu Empresa (Mexique)

Historique

Le site www.tuempresa.gob.mx a été lancé en 2009 dans le but de faciliter les démarches relatives à la création et à l'exploitation d'entreprises. Au début, les formalités liées à l'utilisation de dénominations sociales ou commerciales étaient gratuites et illimitées dans le temps. Les personnes concernées communiquaient les renseignements nécessaires une seule fois, ceux-ci étant transmis par voie électronique aux organismes compétents ; chaque organisme traitait ensuite les formalités relevant de sa responsabilité et établissait un « acte » qui devait être soumis à un notaire ou à un courtier en valeurs mobilières immatriculé pour constituer la société.

En 2015, dans le cadre de la Stratégie numérique nationale, le site a été intégré à la plateforme *GOB.MX*. Depuis mars 2016, suite à l'amendement de la loi générale des entreprises commerciales, la désignation sociale et l'acte de constitution en « *Sociedad por Acciones Simplificadas* » (société par actions simplifiées, ou SAS) peuvent être obtenus directement sur cette plateforme, de même que le numéro de RFC (Registre fédéral des contribuables) attribué par le SAT (service de l'administration fiscale), la signature électronique, et l'inscription au registre des employeurs de l'IMSS (Institut mexicain de sécurité sociale).

De janvier à mai 2017, le site *tuempresa.gob.mx* a reçu 348 722 demandes de dénomination sociale ou commerciale, dont 85 056 ont été accordées.

Niveau du gouvernement

À ce stade, le site n'est opérationnel qu'au niveau de l'État fédéral et des organismes fédéraux.

Des travaux ont été engagés pour y rattacher les pages web correspondant aux formalités gérées par les administrations infranationales, notamment celles qui sont chargées d'accorder les licences ou permis d'exploitation aux entreprises ; ils ne sont pas encore achevés, mais il s'agit d'un objectif à moyen terme qui sera sans doute réalisé.

Clients

Les clients du site sont les personnes qui ont besoin d'informations pour enregistrer et exploiter une entreprise au Mexique.

La page *tuempresa* s'adresse aux personnes morales, et non physiques ; autrement dit, de nombreux exploitants de PME souhaitant mener leur activité en tant que personnes physiques ne peuvent constituer leur entreprise par son intermédiaire.

Ses activités

Le site *tuempresa* est conçu pour accompagner les entrepreneurs dans l'accomplissement des formalités relatives aux trois phases principales de leur activité : création, exploitation et fermeture.

Son fonctionnement

En 2015, le site a été intégré à la Stratégie numérique nationale, qui définit les aspects techniques relatifs à l'interopérabilité et l'ergonomie informatique.

L'un de ses avantages est qu'avec la signature électronique émise par le SAT, les utilisateurs sont identifiés et ont accès aux renseignements les concernant, et que leurs données peuvent être exploitées par tous les organismes participants.

La signature électronique est utile pour authentifier les contribuables, et constitue la principale garantie de sécurité.

Type de services proposés

Le portail fournit des informations sur les procédures nécessaires à la création, l'exploitation et la fermeture d'une entreprise ; la page *tuempresa* ne gère cependant que les formalités suivantes :

- Autorisation d'utilisation d'une dénomination
- Constitution d'entreprises de type « société par actions simplifiées » (SAS) ou d'entreprises commerciales classiques
- Déclaration d'utilisation de dénomination
- Immatriculation au Registre public du commerce
- Inscription au Registre fédéral des contribuables
- Inscription au registre des employeurs de l'Institut mexicain de sécurité sociale (IMSS)

S'agissant des procédures relatives à l'exploitation et à la fermeture d'une entreprise, le portail renvoie par hyperliens aux sites permettant d'accomplir les formalités correspondantes.

En ce qui concerne l'exploitation des entreprises, il fournit les liens au Registre public du commerce, au Système mexicain d'information aux entreprises, au Registre national des investissements étrangers, au Registre des garanties mobilières, et au Système de publication des sociétés commerciales.

Quant à la fermeture d'une entreprise, un lien réoriente l'utilisateur sur la procédure simplifiée pour la dissolution et la liquidation d'une entreprise.

Moyens de communication

Cet outil exclusivement en ligne s'adresse aux entreprises mexicaines opérant à l'échelon fédéral.

Principales caractéristiques

Engagement politique

- Le lancement du site a nécessité un engagement politique au plus haut niveau car il a fallu que plusieurs organismes publics fédéraux acceptent de mettre leurs formalités en ligne sur un point d'accès unique opéré par le ministère de l'Économie.
- L'amendement à la loi générale des entreprises commerciales de 2016, qui a permis au ministère de l'Économie d'autoriser l'utilisation d'une dénomination sociale, a également requis un engagement politique au plus haut niveau.

Altinn (Norvège)

Historique

Le portail *Altinn* a été créé en 2003, sous forme de collaboration entre trois organismes publics en matière de déclaration. Seize ans plus tard, il réunit tous les grands organismes publics et sert également les municipalités. Toutes les entreprises norvégiennes et 90 % environ de la population active ont renoncé aux échanges par correspondance en faveur des échanges numériques par l'intermédiaire de la plateforme.

2005 : la création d'une boîte de dialogue fait évoluer *Altinn* qui, d'un dispositif de déclaration, devient une plateforme d'échanges. À compter de cette date, les organismes peuvent envoyer des messages aux utilisateurs par l'intermédiaire du site. Pour leur part, ces derniers disposent à la fois d'une boîte aux lettres privée et de boîtes correspondant à leurs fonctions dans l'entreprise. Les messages sont également distribués par les interfaces de programmation d'application (API) d'*Altinn* ; de ce fait, ils peuvent aussi apparaître dans le système de l'entreprise.

2005 : l'Administration fiscale déploie le formulaire de déclaration fiscale pour les salariés et retraités (particuliers) dans *Altinn*. Le formulaire est prérempli au moyen des renseignements figurant dans le registre de l'état civil et des informations communiquées par les employeurs et les banques, de sorte que bon nombre de contribuables n'ont plus qu'à cliquer sur « signer et envoyer ».

2007 : pour aider les PME, *Altinn* publie des informations relatives à la réglementation dans un langage clair. La qualité des informations fournies est régulièrement vérifiée par les organismes responsables de la réglementation.

2008 : la législation est amendée : les contribuables n'ont plus besoin de signer et d'envoyer les déclarations fiscales s'ils n'apportent aucune modification au formulaire prérempli. À l'heure actuelle, sept salariés et retraités sur dix utilisent cette formule dite « d'acceptation tacite ».

2009 : *Altinn* est désignée « guichet unique » au titre de la Directive « services » de l'Union européenne (248/5000).

2010 : une nouvelle plateforme modernisée *Altinn* est lancée, dénommée *Altinn II*, qui propose six catégories de services :

- service de déclaration
- service de messagerie
- service d'accès
- services d'autorisation
- service de transmission
- services collaboratifs

Cette évolution a été dictée par l'idée qu'une normalisation des échanges d'information entre le secteur public et d'autres organismes des secteurs public ou privé était possible. Le portail *Altinn II* a par ailleurs été établi suivant le principe que toutes ses fonctions devaient aussi être accessibles depuis des API ouvertes.

2010 : le programme *innovation@altinn* est créé. Il bénéficie des informations fournies par les prestataires des services dans le cadre de réunions stratégiques, de celles recueillies par les enquêtes annuelles menées auprès de différents groupes d'utilisateurs, et de celles émanant de réunions sectorielles.

2011 : expansion considérable du portail d'information d'*Altinn* (avant connexion au compte personnel) par l'ajout de deux sites contenant des informations destinées aux entreprises.

2015 : le service *a-ordning* est un service coordonné utilisé par les employeurs pour déclarer des informations relatives à leurs revenus et à leurs salariés à l'administration du travail et des affaires sociales, à Statistique Norvège et à l'administration fiscale norvégienne.

Ces informations sont envoyées par voie électronique, soit de machine-à-machine, par l'intermédiaire du système de paie de l'employeur (intégré par les API d'*Altinn*), soit au moyen des formulaires disponibles sur le site. L'administration fiscale norvégienne administre le service pour le compte d'autres organismes publics.

2016 : *Altinn* lance sa propre fonction de paiement, qui permet par exemple aux usagers de payer les frais de dépôt de brevet à l'Office norvégien de la propriété industrielle.

2016 : *Altinn* élargit sa fonction d'autorisation en y intégrant le consentement de l'utilisateur à la transmission de ses données.

Niveau de gouvernement

En mai 2019, 57 organismes, directions et municipalités participaient à la plateforme *Altinn*, et plus de 400 utilisaient sa messagerie pour envoyer des lettres et des messages à des particuliers et des entreprises.

Clients

Altinn était à l'origine un portail et une plateforme d'échanges entre les entreprises et l'administration publique, mais il propose aussi des services importants aux particuliers, comme les déclarations fiscales, les demandes concernant le choix d'un nom, les demandes de prestations maladie, etc.

S'agissant des renseignements relatifs aux droits, devoirs et possibilités, ceux qui figurent sur le site *Altinn.no* concernent essentiellement les entreprises ; les particuliers peuvent trouver des informations sur le site *Norge.no* et sur les sites des organismes publics.

Ses activités

Le guichet unique norvégien *Altinn* correspond au modèle le plus avancé en la matière. Il est à la fois un portail commun de transactions et d'informations et une plateforme où les organismes publics peuvent proposer et administrer leurs services.

Les prestataires des services ont déployé quelque 1 000 formulaires et services sur la plateforme. Les particuliers et les entreprises y ont accès par la page « Formulaires » du site *altinn.no*.

Son fonctionnement

Le centre de registre de Brønnøysund est depuis mai 2004 chargé de gérer, d'exploiter et de poursuivre le développement de la plateforme *Altinn* pour le compte des organismes et municipalités participants. Néanmoins, l'ensemble du processus repose essentiellement sur la coopération – l'interopérabilité entre les organismes.

L'administration fiscale norvégienne a mené le premier projet *Altinn* en 2002-03, et a toujours représenté de 80 % à 90 % du volume de transactions sur la plateforme. Statistique Norvège est l'organisme qui y offre le plus grand nombre de services. Ces deux institutions et les autres prestataires de services exercent une influence considérable sur la stratégie et l'expansion du guichet.

La structure de gouvernance d'*Altinn* est constituée du Directeur général du centre de registre de Brønnøysund (BRC), qui prend les décisions stratégiques définitives, appuyé par un conseil d'orientation composé de neuf organismes publics participant à *Altinn*. Le Conseil des utilisateurs du BRC est un conseil consultatif composé de certains usagers finaux et d'organismes qui représentent principalement les entreprises, d'organisations représentatives des comptables et commissaires aux comptes, et de représentants de divers organismes publics.

Les dépenses annuelles liées aux coûts de gestion et aux frais de maintenance de la plateforme sont financées par des crédits spéciaux inscrits au budget annuel du gouvernement, sur une base pluriannuelle.

Le financement des coûts de développement fait l'objet de demandes annuelles adressées séparément aux ministères concernés. Si une demande est approuvée, les fonds seront inscrits au budget de l'État l'année suivante. Le développement de la plateforme s'effectue en fonction des besoins des usagers finaux et des prestataires des services, ces derniers pouvant financer des projets concrets dès lors que ceux-ci s'inscrivent dans la stratégie générale.

Les coûts d'exploitation sont couverts par les organismes publics qui offrent des services sur *Altinn*. La part des frais d'exploitation annuels de chacun est fonction du nombre de transactions engendrées par leurs services sur la plateforme.

Type de services proposés

Altinn est un portail d'informations et de transactions. Ses utilisateurs (entreprises et particuliers) peuvent y soumettre des formulaires et y recevoir des messages des organismes publics dans leur boîte de réception, autrement dit engager un dialogue numérique.

Altinn a remplacé les guichets physiques. La Norvège est un pays qui présente une silhouette très allongée, et sa population est très dispersée. Ainsi, alors que l'on trouvait auparavant des bureaux de l'administration fiscale dans toutes les communes norvégiennes, la numérisation a rendu cette présence physique beaucoup moins nécessaire. Toutes les entreprises font appel à *Altinn* aux fins de déclaration et d'échanges avec l'administration publique, et environ 90 % de la population active a renoncé aux échanges par correspondance en faveur des échanges numériques par son intermédiaire.

Altinn est intégré aux systèmes des municipalités pour certains services aux particuliers. Ces derniers peuvent par exemple soumettre une demande de permis de construire à la municipalité concernée, la plateforme étant en outre en relation avec les cabinets d'architectes. Enfin, le service de communication entre pairs d'*Altinn* permet aux particuliers d'informer leurs voisins de leur demande de permis de construire à des fins de consultation publique.

Moyens de communication

Altinn gère un centre d'assistance, auquel des questions portant sur l'utilisation de la plateforme peuvent être adressées par téléphone et par courriel. Chaque prestataire de services dispose en outre de son propre centre d'assistance pour les questions d'ordre juridique et administratif. Celui d'*Altinn* peut facilement réorienter les utilisateurs sur ceux des différents organismes. Les usagers peuvent également utiliser l'application d'*Altinn*.

La page « création et gestion d'entreprise » d'*Altinn* propose aussi un service d'aide aux entreprises qui guide les entrepreneurs et les PME par téléphone et par courriel, et organise par ailleurs régulièrement des séminaires sur ce thème dans le pays.

Cette page présente des informations complètes et coordonnées couvrant plusieurs organismes, dont la qualité est garantie par l'organisme responsable de la législation et de la réglementation.

Les renseignements fournis par *Altinn* sont d'ordre général, la plateforme renvoyant par des hyperliens à des informations plus détaillées sur le site de l'organisme concerné, ou sur le portail *www.lovdata.no* où figurent toutes les lois et réglementations nationales.

Principales caractéristiques

Leadership

- *Altinn* ayant connu un développement progressif, dicté par les besoins communs, la coordination s'est organisée en dehors de tout plan directeur.
- La mise à niveau *Altinn II* a permis à la plateforme de proposer un service coordonné pour la création et la gestion d'une entreprise en Norvège, service dénommé « Création et exploitation d'une entreprise ». Cette transition s'est achevée en 2011. Pour garantir la qualité permanente des informations fournies, un système d'assurance qualité a été mis en place, dont les composantes essentielles sont un comité de rédaction et des procédures explicites de création de contenu et d'approbation de ce dernier par les propriétaires de l'information (les autorités compétentes). Les procédures ont changé au fil du temps, suivant l'évolution des technologies et des besoins des usagers. En 2019, le comité de rédaction était toujours en fonction.
- Les utilisateurs se sont heurtés à d'importants problèmes de fonctionnement de la plateforme *Altinn II* dans les périodes de pointe, comme la publication annuelle des avis d'imposition. Une étude a conclu que le projet mettait trop l'accent sur les fonctionnalités, au détriment des facteurs non fonctionnels, comme la capacité. Celle-ci a été développée ; elle est aujourd'hui élevée et suffisante.

Coopération et collaboration

- *Altinn* a prêté une attention particulière à la collaboration entre les différentes institutions : les fonctions de déclaration et de retour d'information communes ont été adaptées aux processus opérationnels de l'utilisateur, au-delà des frontières établies entre les organismes publics et les échelons administratifs.

Suivi et évaluation

- *Altinn* recueille diverses statistiques d'utilisation :
    - Environ 95 % de la population d'âge actif ont recours au guichet unique. Des données sur l'âge et le sexe des utilisateurs sont disponibles.
    - Toutes les entreprises font appel à *Altinn* pour les déclarations fiscales et les comptes annuels, et 99 % d'entre elles environ l'utilisent pour les formalités liées à la TVA. La plateforme est aussi très utilisée pour les déclarations au registre des actionnaires (98 %), les procédures de faillite (95 %), et les notifications au registre coordonné (91 %).
- L'équipe du portail numérique unique de l'UE a procédé en 2018 à une évaluation de l'ergonomie de navigation de tous les guichets européens. Les tests utilisateurs ont attribué la meilleure note au contenu de la page « Création et exploitation d'une entreprise » d'*Altinn*.

Autres questions

Considérations technologiques

- Chaque utilisateur est identifié par son numéro de sécurité sociale figurant au registre d'état civil norvégien. L'authentification est établie par un service national d'authentification (*ID-porten*), une interface et solution technique qui accepte plusieurs modes d'authentification d'ID mis au point par les secteurs privé ou public. Il est aussi très important de savoir qui est le responsable d'exploitation d'une entreprise précise. Pour cela, *Altinn* utilise le Registre central de coordination des entités juridiques.

Expansion des services

- *Altinn* envisage actuellement d'élargir son offre de services en fonction de certains événements de vie. Les différents prestataires sont chargés de concevoir les événements les plus en rapport avec leur activité. Une fonction actuellement à l'étude vise à faciliter les démarches administratives à la suite d'un décès ; elle réunirait plusieurs services, publics et privés.

- Le développement du module d'autorisation d'*Altinn* se poursuit, l'objectif étant d'en faire un dispositif plus complet, puisant directement dans des registres publics (voire privés) encore plus nombreux.

- *Altinn* met actuellement au point une fonction de développement de services entièrement nouvelle, *Altinn Studio*, qui devrait entrer en service en 2020. Cette plateforme aidera les organismes à créer des services de conception moderne et dynamique, permettra l'exécution de tests automatiques et la migration autonome des services vers un environnement d'exécution en nuage.

Principaux enseignements

- La conception d'*Altinn* a été fondée dès le départ sur les besoins des entreprises, ce qui a permis de veiller à ce que la plateforme demeure centrée sur les utilisateurs et à ce que son évolution suive celle de leurs besoins.

- L'intégration d'*Altinn* avec des systèmes logiciels professionnels a été le facteur déterminant de la réussite de la plateforme en tant que guichet unique.

- L'administration fiscale y a déployé les formulaires de déclaration des revenus pour les salariés et retraités. Les formulaires étaient préremplis au moyen des renseignements figurant au registre de l'état civil et des informations communiquées par les employeurs et les banques – de sorte que nombre de citoyens n'avaient plus qu'à cliquer sur « signer et envoyer » pour parachever l'opération. En 2008, la législation a été amendée pour passer à l'étape suivante – en l'absence de modifications au formulaire, la signature et l'envoi n'étaient plus requis. Aujourd'hui, près de 70 % des salariés et retraités utilisent ce mécanisme dit « d'acceptation tacite ».

- L'intégration d'interfaces de programmation d'application (API) avec les systèmes logiciels professionnels des entreprises a été un élément décisif de la réussite d'*Altinn*. Pour des services comme les déclarations fiscales, la TVA et les comptes annuels, pas moins de 90 % des données sont transférées directement des systèmes logiciels des entreprises, par l'intermédiaire des API d'*Altinn*, aux organismes publics connectés. Les API ont aussi été une source importante d'innovation dans le mode de prestation des services du portail.

- Une application d'autorisation puissante exploite les listes des registres nationaux d'entreprises. La plateforme *Altinn* a été créée à partir de la réunion de cinq registres existants, qui a ainsi établi le Registre central de coordination des entités juridiques. Le développement de son module d'autorisation se poursuit, l'objectif étant d'en faire un dispositif plus complet, puisant directement dans des registres publics (voire privés) encore plus nombreux.

- Le préremplissage des formulaires à partir des données des registres centraux et de celles des organismes publics a marqué une évolution importante qui a permis de réduire le nombre d'informations réclamées aux usagers dans les cas où celles-ci existaient déjà dans les systèmes de l'administration publique. Cela a également permis aux utilisateurs d'accéder à leurs archives personnelles et, le cas échéant, à celles de leur entreprise, qui réunissent toutes les communications antérieures.

ePortugal

Historique

Le portail ePortugal.*gov.pt* a été créé en 2019 pour regrouper les trois principaux portails numériques gouvernementaux (le « Portail du citoyen », la « Carte du citoyen » et le « Bureau de l'entrepreneur ») sur un seul portail de services publics.

- Portail du citoyen : il fournissait des services destinés aux particuliers (nationaux et étrangers) : demande de passeport, renouvellement de permis de conduire, et demande de renouvellement de permis de séjour par exemple.
- Bureau de l'entrepreneur : il offrait des services aux entreprises : licences industrielles, création d'entreprise, etc.
- Carte du citoyen : géoréférencement des centres d'accueil assurant des services publics, et portail qui permettait aux particuliers de prendre rendez-vous à certains guichets physiques, à savoir ceux situés dans les Boutiques du citoyen.

Il rassemble en un seul programme gouvernemental plusieurs objectifs : amélioration de la réglementation ; réduction de la charge administrative ; interopérabilité des services ; numérisation des procédures ; diminution des formalités ; et promotion du gouvernement numérique.

Le portail *ePortugal.gov.pt* est le guichet unique au titre de la directive « services » de l'UE, et le guichet numérique unique d'accès aux services publics électroniques. Il favorise la dématérialisation et la simplification des services, et rapproche l'administration publique des particuliers, des entreprises, et de la société en général. Il est ouvert à tous, mais il offre aussi la possibilité de créer un compte en choisissant l'un des six mécanismes d'inscription et d'authentification disponibles. Certains exigent une inscription préalable au système national d'authentification électronique, *autenticação.gov*.

La stratégie numérique nationale explique comment le guichet unique a été créé pour organiser l'information et les services électroniques autour des événements qui rythment la vie des particuliers et celle des entreprises. Le portail a pour ambition de satisfaire les attentes et les demandes de ces derniers, en suivant l'approche axée sur le citoyen que l'administration publique portugaise applique depuis quelques années.

Le portail *ePortugal* a été mis au point dans le cadre de SIMPLEX+, le programme de simplification et de modernisation qui suit cette approche axée sur le citoyen dans le but de rendre la vie quotidienne des particuliers et des entreprises et leurs échanges avec l'administration publique aussi fluides que possible. Depuis 2016, SIMPLEX+ a appliqué 602 mesures de simplification ; en 2019, une nouvelle version a été lancée, iSIMPLEX, dont le « i » signifie « innovation ». Le programme iSIMPLEX prévoit 119 projets fondés sur cinq principes de base : « une seule fois » ; partage et réutilisation ; numérique par défaut ; économie comportementale ; technologies émergentes.

Niveau de gouvernement

Le portail *ePortugal.gov.pt* opère au niveau de l'administration centrale et au niveau des collectivités locales (communes) au Portugal, et fournit des services aux entreprises et aux particuliers.

Clients

Ses clients sont les entreprises et les particuliers portugais, ainsi que les touristes.

Ses activités

Le portail *ePortugal.gov.pt* est le point d'accès à plus de 1 000 services publics essentiels ; il dispense des informations, des conseils et des services aux particuliers et aux entreprises, des avis approfondis aux professionnels et à certains groupes, comme les salariés et les migrants, et des renseignements relatifs à l'administration publique et aux politiques en vigueur. La prestation des services est assurée par 590 organes de l'administration centrale (17 ministères), des collectivités locales et du secteur privé.

Son fonctionnement

L'Agence pour la modernisation administrative (AMA) est le seul organisme responsable de la gestion et de la coordination du portail. Elle est chargée de recueillir, d'actualiser et de télécharger le contenu des services et organes de l'ensemble de l'administration publique. Au niveau opérationnel, l'AMA coordonne la collecte et le regroupement de l'information auprès des différents organismes, et publie le contenu associé aux services proposés.

Le portail fait appel à plusieurs infrastructures et plateformes numériques, qui sont au centre de l'entreprise de transformation numérique de l'administration publique portugaise :

- le **fournisseur national d'identité électronique et de services d'authentification** (*autenticação.gov*), qui assure un accès aux services par l'intermédiaire de la carte de citoyen portugais et de la clé mobile numérique (« *chave móvel digital* », ou CMD).

- La première permet aux citoyens de réaliser diverses opérations sécurisées sans contacts directs. Elle se présente sous forme de carte intelligente et intègre dans un seul document la carte d'identité, la carte de sécurité sociale, la carte d'usager du service national de santé, et la carte d'identification fiscale. Un lecteur de cartes est nécessaire pour utiliser ses fonctions électroniques.

- La seconde est une application d'identité électronique mobile nationale qui nécessite seulement un téléphone mobile. Le système CMD offre un accès sécurisé à la plupart des sites web publics, et à ceux de certaines entreprises privées, moyennant un mot de passe personnalisé (code confidentiel de 4 à 6 chiffres), choisi par l'usager, qui génère un code chiffré temporaire envoyé par SMS ou par notification *push* sur le téléphone intelligent de ce dernier.

- La **plateforme d'interopérabilité – iAP** : celle-ci fait partie des efforts déployés par le gouvernement pour mettre en place une administration publique entièrement numérique. Elle repose sur l'idée selon laquelle la mise en relation de la multitude d'organismes publics et de plateformes numériques qui accumulent des informations permet aux services publics d'échanger des données en temps réel, contribuant ainsi à la mise en œuvre du principe « une seule fois » en vertu duquel les citoyens n'ont pas à fournir des renseignements qui se trouvent déjà dans la base de données de l'administration publique.

- Le **Catalogue national des organismes et services** : intégré à l'iAP, ce répertoire central regroupe les informations sur les organismes, services, centres d'accueil, sites web, applications etc. de l'administration publique.

- **SIGA, le système de prise de rendez-vous :** intégré à la plateforme de la sécurité sociale, il est utilisé pour la plupart des services publics au Portugal. Il est également accessible par l'intermédiaire de l'outil de géoréférencement du portail *ePortugal.gov*.

Le portail fait fonction de point central d'accès aux informations concernant tous les services de l'administration publique ; il oriente les citoyens sur les services en ligne ou sur les guichets physiques si le service requis n'existe pas encore sous forme numérique.

Il offre une aide directe par l'intermédiaire du Service d'assistance aux particuliers et du Service « Coin des entrepreneurs », tous deux administrés par l'AMA. Ceux-ci sont accessibles par courriel et par téléphone ; on peut soit les contacter directement, soit demander un entretien en remplissant le formulaire correspondant. L'agent conversationnel SIGMA, fondé sur l'intelligence artificielle, est un autre vecteur d'assistance aux usagers, qu'il aide à obtenir des renseignements quant aux services disponibles sur le portail. Par son intermédiaire, les usagers peuvent également demander à être contactés par l'un des services d'assistance pour une aide plus personnalisée.

Type de services proposés

En tant que point d'accès à plus de 1 000 services, le portail *ePortugal* couvre un champ très vaste, et propose des services d'information et de transaction destinés à faciliter l'accès de la population à tous les services publics. Les usagers qui ont besoin de services non disponibles en ligne obtiennent des informations sur la page « Carte du citoyen », qui les renvoie généralement sur les Boutiques du citoyen, à savoir des guichets uniques physiques répartis dans tout le pays, où plusieurs entités privées (essentiellement des fournisseurs de matières premières) et publiques disposent de bureaux et d'employés qui assurent la prestation directe de services au client.

Moyens de communication

Le portail *ePortugal.gov.pt* est un service en ligne qui renseigne également sur les services assurés uniquement par les guichets physiques. Il présente des informations concernant tous les services publics, indépendamment du mode de prestation retenu. De plus, quand un service peut être fourni par différents moyens (en ligne, en contact direct, etc.), il informe l'usager de toutes ces possibilités. Pour le renouvellement de la carte du citoyen, par exemple, il communique les informations sur les formalités à accomplir en ligne et au guichet.

Principales caractéristiques

Définition précise des fonctions

- La création du portail *ePortugal.gov.pt* avait pour finalité d'améliorer l'accessibilité et l'interopérabilité des services publics. C'est ce qu'a permis de faire le regroupement en un guichet unique de services d'information (indépendamment de leur mode de prestation) et de services de transaction aux particuliers et aux entreprises. Pour les seconds, il s'agit par exemple de modifications et de demandes concernant la carte de citoyen, de demandes de certificats, et d'autorisations et de permis d'exploitation pour les entreprises. Dans le même temps, la séparation des fonctions reste claire puisque la distinction interne entre les portails « Carte du citoyen » et « Coin des entrepreneurs » (auparavant dénommée « Bureau de l'entrepreneur » est maintenue).

Capital humain

- Le portail *ePortugal.gov.pt* fait appel à la structure de ressources humaines préexistante de l'AMA. Son fonctionnement mobilise la coopération de plusieurs équipes de l'AMA, qui sont chargées d'en assurer la gestion numérique, d'entretenir les relations avec les particuliers et les entreprises et de réaliser des tâches intersectorielles, donc beaucoup ont pour finalité la numérisation des services et la stratégie de commercialisation.

  Avant le lancement du portail, plusieurs membres des équipes de l'AMA ont suivi une journée de formation avec l'entreprise qui en a mis au point la composante technologique pour se familiariser avec le nouveau système. L'AMA s'efforce par ailleurs constamment de développer sa propre expertise technique de manière à rehausser son efficience en tant que prestataire de solutions numériques et à aider d'autres organismes dans leur démarche de numérisation des services.

- L'académie AMA met sur pied des projets dans les domaines de la formation, de la qualification et du développement des compétences pour le réseau de services publics et pour l'administration publique dans son ensemble. Dans ce contexte, elle a élaboré plusieurs contenus pédagogiques spécifiques concernant *ePortugal*.

Consultation publique

- Des tests pour utilisateurs ont été réalisés, qui ont mobilisé la participation d'autres organismes publics et des utilisateurs finaux ; des entrepreneurs ont également été consultés pendant les phases de conception et de mise en œuvre. Ces intervenants ont surtout influencé les décisions relatives à la conception générale du système ou aux spécificités fonctionnelles que les tests d'ergonomie numérique ont fait apparaître.
- S'agissant de la mise au point du portail, plusieurs exercices de réflexion conceptuelle et d'étude des utilisateurs ont été réalisés, qui ont conduit à la création de personnalités virtuelles, de tests et de cycles de développement guidés par l'expérience de l'usager, fondés sur la collecte d'avis auprès des utilisateurs finaux (particuliers et (ou) entrepreneurs).

Coopération et collaboration

- Si l'infrastructure repose sur un fondement uniforme central au niveau national, les synergies entre différents niveaux de l'administration publique offrent aux collectivités locales (communes) la possibilité de mettre en œuvre des applications adaptées à leurs besoins (formulaires ou impôts spécifiques par exemple), qui sont intégrées en conséquence sur la plateforme *ePortugal*.

Suivi et évaluation

- Des modules de visualisation et d'exportation des avis formulés par les utilisateurs sont intégrés au portail, dont la configuration prévoit un suivi analytique. Des statistiques très diverses sont recueillies dans le cadre du processus permanent d'analyse des pratiques de suivi et d'évaluation : pages consultées, sessions, visiteurs, utilisateurs inscrits, nombre d'authentifications, pages les plus consultées, services les plus consultés, services les plus utilisés, et satisfaction des usagers notamment.
- Chaque utilisateur peut donner son avis sur le contenu du portail : il peut évaluer l'utilité des informations fournies et, s'il les juge insatisfaisantes, laisser un message pour suggérer des améliorations.

  Le dispositif de rétroinformation est proposé à toutes les pages du portail.

  Les observations exprimées sur le portail par les usagers sont prises en considération pour rectifier des informations éventuellement périmées, pour en simplifier la rédaction de manière à les rendre plus claires et plus objectives, et, à chaque fois que c'est possible, pour créer de nouveaux services si certains renseignements ne figurent pas sur le site.
- Le portail propose aussi un formulaire électronique qui permet aux utilisateurs de formuler des réclamations, des éloges et des suggestions (« *Livro Amarelo* » – le livre jaune), et des services d'assistance aux particuliers et aux entreprises.

Autres questions

- LabX est le laboratoire d'expérimentation de l'administration publique portugaise. Il est dirigé par une équipe de l'AMA, qui a entrepris en 2016 d'intégrer à celle-ci une culture d'expérimentation en (ré)agençant les services publics autour des besoins et des attentes de la population et en favorisant une approche fondée sur des données factuelles à l'élaboration des politiques.

Le laboratoire a pour vocation d'offrir un espace d'expérimentation sûr, de diffuser l'innovation, d'encourager la participation citoyenne et d'être le noyau de l'écosystème d'innovation.

Principaux enseignements

- L'AMA a été la cheville ouvrière de la mise en œuvre du portail *ePortugal* ; elle a apporté le capital humain et l'expertise administrative nécessaires et, surtout, a pris en charge l'administration quotidienne et l'actualisation permanente du site. Ce dernier point est particulièrement important dans la mesure où les travaux ne sont jamais terminés, puisqu'il faut constamment créer de nouveaux contenus, mettre les informations à jour, et adapter le portail aux besoins et aux obligations des utilisateurs.

- Le portail doit en grande partie son développement à une forte volonté politique. Il faisait partie du programme de modernisation et de simplification SIMPLEX, et était une composante extrêmement visible de la prestation des services publics et de la transformation numérique. Cette visibilité n'a pas faibli depuis puisqu'il continue d'évoluer et d'accueillir de nouveaux services numériques.

- Le portail fait constamment fonction de centre de coordination entre les différents organes de l'État pour la collecte et le catalogage des informations relatives aux services publics. Pour mener cette mission à bien et améliorer l'interopérabilité, la mise au point d'outils de rétroinformation complets associés à un suivi et une évaluation permanents des évolutions et de l'audience, qui alimentent ensuite la refonte des services, revêt une importance cruciale.

- Plusieurs facteurs expliquent la réussite du programme de formation de l'AMA : la participation de l'ensemble des agents (Conseil d'administration, services de gestion, organismes, stagiaires) ; le recours à une équipe d'enseignement pluridisciplinaire ; l'utilisation d'une technologie simple, à la fois intuitive et interactive ; un modèle de formation adapté au public ciblé et au contexte ; des approches diversifiées à la conception du matériel pédagogique ; l'évaluation continue de l'apprentissage et de son efficacité.

GOV.UK

Historique

Le portail *GOV.UK* a été mis en place dans le cadre de la « stratégie numérique » gouvernementale. Il a remplacé, en 2012, les deux grandes marques numériques de l'administration publique, « *Directgov* » et « *Business Link* », qu'il a réunis en un guichet unique, permettant ainsi aux particuliers et aux entreprises d'accéder aux informations numériques et aux services transactionnels de tous les ministères, organismes publics et structures indépendantes par l'intermédiaire d'une seule adresse web.

GOV.UK est entré en service en 2010 en tant que site unique du gouvernement du Royaume-Uni permettant ainsi aux citoyens d'accéder sur une plateforme centrale à des informations pertinentes et factuelles sur le gouvernement. Des milliers de sites gouvernementaux et de contenus ont été rédigés à nouveau ou republiés afin de répondre aux besoins des utilisateurs.

Le guichet unique a été créé dans l'intérêt du contribuable, afin d'offrir à l'utilisateur un parcours homogène pour accéder à des services publics regroupés sans avoir à connaître la structure de l'administration publique.

Niveau de gouvernement

GOV.UK opère au niveau du gouvernement fédéral au Royaume-Uni.

Clients

Ses clients sont les entreprises et les particuliers, ainsi que les touristes.

Ses activités

GOV.UK est le point d'accès à 152 services publics essentiels. Il dispense des informations, des avis et des services aux particuliers et aux entreprises, ainsi que des conseils approfondis aux professionnels, et des renseignements sur l'administration et l'action publiques. Il couvre actuellement 25 ministères et 405 agences et organismes publics.

Son fonctionnement

Chaque ministère est responsable de la gestion de ses services. Le développement du portail *GOV.UK* et des services se fait conformément aux normes de services publiées et moyennant une assistance numérique le cas échéant. La maintenance du site, où figurent tous les ministères et organismes publics, est assurée par le *Government Digital Service* (GDS).

Le portail compte plus de 500 000 pages web. Le GDS est chargé de la rédaction et de la mise à jour du contenu d'à peine 1 % d'entre elles, qui satisfont à la plupart des besoins courants des usagers. Il s'agit notamment d'explications claires sur les démarches nécessaires à la demande de prestations, au renouvellement de la taxe sur les véhicules, et à la création d'une entreprise. Le GDS rédige le contenu des pages, et les ministères en vérifient l'exactitude factuelle. Cette composante du portail absorbe de 70 % à 80 % du trafic. Son contenu est dit « *Mainstream* ».

Les 99 % de pages restantes sont rédigées et administrées directement par les équipes responsables au sein des ministères et organismes, au moyen des outils de publication que le GDS crée, gère et améliore. Elles présentent par exemple les politiques gouvernementales, des conseils détaillés destinés aux utilisateurs spécialisés, des informations, discours, annonces et consultations. Ce contenu est dénommé « *Whitehall* ». Chaque ministère et organisme est chargé de rédiger de mettre à jour son propre contenu *Whitehall*.

Le portail *GOV.UK* a été créé selon des méthodes adaptables et de manière à satisfaire aux besoins des utilisateurs, pas à ceux de l'administration publique. Ses usagers n'ont plus à savoir à quel ministère ils doivent s'adresser. Ils traitent simplement avec l'administration publique, tâche que le guichet unique leur facilite.

Type de services proposés

En tant que point d'accès à 152 services publics essentiels, la mission de *GOV.UK* est très large et couvre de nombreux domaines de l'action publique, comme la fiscalité, les transports, et la protection sociale.

Moyens de communication

GOV.UK est un service exclusivement en ligne.

Principales caractéristiques

Définition précise des fonctions

- Dès le début, le principe a été de ne pas établir de distinction entre les besoins des « entrepreneurs » et ceux des « particuliers » car un individu peut être l'un ou l'autre selon les moments. On a estimé que les citoyens n'avaient pas à connaître la structure de l'administration publique pour atteindre leurs objectifs. La question clé consistait plutôt à structurer le contenu de manière à ce que le contexte permette à chaque public de repérer les rubriques répondant à ses besoins.

Capital humain

- Le GDS dispense une formation au contenu à 115 personnes par mois environ, et favorise la création de réseaux entre les plus de 3 000 concepteurs de contenu des différents organismes de l'administration publique – notamment par la collaboration sur le contenu, la formation, les rencontres, le recrutement, les détachements et les stages d'observation. Ces activités ont par ailleurs diminué la courbe d'apprentissage lorsque les effectifs numériques changent de ministère.

  Les concepteurs se conforment à des normes rigoureuses qui exigent que le contenu soit vérifié par un autre concepteur avant publication. Cette démarche a permis d'uniformiser le style du site au fil du temps. La publication sur le guichet unique permet aux ministères et organismes de collaborer sur le contenu, de limiter les répétitions inutiles et de présenter aux usagers un contenu plus simple et plus clair.

Consultation publique

- Tous les particuliers et entreprises sont globalement considérés comme des « utilisateurs », et c'est parmi eux, sans distinction, que sont sélectionnés les participants aux études correspondantes. Les différents réseaux (conception de contenu, conception des services et études sur les utilisateurs) font régulièrement part de leurs pratiques dans le cadre de réunions et par l'intermédiaire de blogues.

Suivi et évaluation

- Chaque page du portail affiche un bouton permettant aux utilisateurs de donner leur avis. Les informations ainsi recueillies ont par exemple permis de déterminer si ceux-ci jugeaient la nouvelle approche par étape utile. À ce jour, 5 859 utilisateurs ont donné leur avis sur la fonction « Déposer une demande de visa de séjour classique : suivre les étapes » ; 77 % ont répondu par l'affirmative.

- Le portail est constamment mis à jour et amélioré en fonction des avis des usagers et de l'évolution de la situation. C'est un processus permanent. Le processus de conception est itératif ; les prototypes sont testés avec les utilisateurs dans un laboratoire de recherche.

  L'enrichissement du portail *GOV.UK* est décidé en consultation avec les autres ministères et organismes publics ; l'itération a toutefois pour objectif de répondre aux besoins des utilisateurs, et non à ceux de l'administration publique.

Autres questions

- La navigation par étape est une nouvelle fonction de *GOV.UK* qui permet de décomposer n'importe quel service en une série d'étapes simples. L'équipe de conception amplifie actuellement cette approche à certains des domaines les plus complexes de l'administration publique, notamment la délivrance de visas, les services de prise en charge des enfants, et l'exportation de marchandises.

  Les enseignements dégagés sont partagés avec d'autres gouvernements et diverses organisations susceptibles de tirer profit de cette méthode. Des discussions avec d'autres organismes publics et des organismes du secteur associatif, dont le *Citizen's Advice Bureau* britannique et le gouvernement néo-zélandais, ont eu lieu afin de définir dans quelles conditions une démarche similaire pourrait fonctionner. Le projet de navigation par étape a été conçu de manière à être reproduit dans tous les secteurs de l'administration publique. Dix-huit projets ont déjà été réalisés, d'autres étant en cours et prévus.

Principaux enseignements

- La mise en place de *GOV.UK* n'aurait pas été possible sans la création du *Government Digital Service* (GDS), organisme qui travaille au cœur du gouvernement britannique, au bureau du Cabinet. Le GDS travaille en collaboration avec les ministères et organismes pour effectuer la curation du contenu (*Whitehall* et *Mainstream*) et des transactions liées à une opération précise de manière à ce que les processus complexes soient présentés aux utilisateurs sous forme d'étapes claires et maîtrisables. Les processus sont fondés sur les événements de vie, par exemple : « apprendre à conduire », « déposer une demande de visa de séjour classique », et « préparer votre entreprise à recruter du personnel ».

- La mise en place d'un guichet unique est un processus fortement itératif. Qu'il s'agisse de la phase de conception, de tests et d'expérimentation, de la mise en service, de la collecte et de la prise en compte des avis des utilisateurs, et de l'intégration des progrès technologiques, le développement et l'amélioration d'un guichet unique ne prennent en réalité jamais fin.

- Pour améliorer progressivement la prestation des services, il est indispensable de disposer d'une équipe disposée à expérimenter, à faire des erreurs, à en tirer des leçons. Dans le même temps, la direction doit être favorable à cette approche - et s'assurer l'adhésion des responsables politiques.

- La confrontation d'expériences avec d'autres services a permis d'utiliser les applications existantes de manière plus innovante, ce qui a économisé du temps et des ressources. L'instauration d'une culture dans laquelle les collaborateurs peuvent ouvertement examiner les échecs comme les réussites leur a permis de s'informer des problèmes communs et de la recherche de solutions.

Primary Authority (Royaume-Uni)

Historique

Le dispositif de « l'autorité principale » (*Primary Authority*) a été créé à un moment où le gouvernement britannique avait pour priorité de promouvoir la simplification administrative, parallèlement à plusieurs autres réformes réglementaires. Sa mise en place a toutefois été principalement motivée par des remarques des entreprises et des autorités locales, qui signalaient un manque d'homogénéité dans l'interprétation et l'application de la législation sur le territoire national.

Le service a été légalement établi par la loi *Regulatory Enforcement and Sanctions Act 2008 (UK)*, qui a ainsi créé une source unique et fiable de conseils personnalisés pour les entreprises dont l'activité s'étend sur plusieurs collectivités locales. Il est entré en vigueur en 2009, et le nombre d'entreprises en bénéficiant a rapidement progressé.

En 2013, la loi *Small Business, Enterprise and Employment Act 2012 (UK)* a élargi *Primary Authority* à des groupes d'entreprises qui appliquent collectivement une même approche à la conformité, comme les associations professionnelles et les franchises. Le nombre d'entreprises ayant ainsi pu bénéficier des avis fiables et homogènes du service par l'intermédiaire de leurs associations professionnelles ou franchises a considérablement augmenté, passant d'un peu plus de 1 500 à 25 000 environ.

Les entreprises, les autorités locales faisant fonction d'autorité principale et les inspecteurs des autorités locales ont fait valoir que plusieurs améliorations administratives pouvaient être apportées au dispositif, et qu'une nouvelle amplification de sa couverture serait judicieuse. Suite à la mobilisation active des parties prenantes, une nouvelle extension du service a été décidée par l'*Enterprise Act 2015 (UK)*, qui a donné à toutes les entreprises en activité au Royaume-Uni accès à des avis personnalisés juridiquement garantis, et intégré les instances de réglementation nationales au dispositif pour prêter assistance aux autorités locales participantes.

La version actuelle du service est entrée en vigueur le 1er octobre 2017, et le nombre d'entreprises bénéficiant de conseils juridiquement sûrs dans ce contexte a progressé, passant de 25 000 à 85 000 environ.

Au cours de la décennie écoulée, *Primary Authority* a également amplifié son champ d'intervention. À l'origine, le dispositif portait essentiellement sur les normes commerciales et sur les questions liées à l'hygiène de l'environnement, mais sa couverture a été étendue aux restrictions à la vente d'alcool fondées sur l'âge en 2011, et à certains aspects de la sécurité-incendie en 2013. À l'origine, les partenariats établis dans son cadre avaient pour mission principale de faire appliquer la législation mais, en 2011, leur responsabilité a été étendue aux inspections effectuées par les autorités réglementaires compétentes. En 2011 les partenariats ont été élargis aux entreprises en franchise.

Niveau de gouvernement

Le dispositif *Primary Authority* mobilise la participation des autorités nationales et locales. Les conseils sont dispensés par les collectivités locales et les services d'incendie. En septembre 2019, 208 collectivités remplissaient la fonction d'autorité principale.

Les instances nationales de réglementation - *Food Standards Agency*, *Office for Product Safety and Standards*, *Health and Safety Executive*, et *Gambling Commission* notamment – sont actuellement répertoriées en tant que « régulateurs auxiliaires » ; autrement dit, elles peuvent prodiguer des conseils aux entreprises par l'intermédiaire de leurs autorités principales.

Clients

Les clients du programme sont les entreprises, les PME en particulier.

Ses activités

Primary Authority dispense des conseils réglementaires garantis aux entreprises. Ces avis intéressent les entreprises et quiconque mène des activités commerciales au Royaume-Uni. Ils portent sur les domaines suivants : hygiène de l'environnement, normes commerciales, et sécurité-incendie, notamment en ce qui concerne l'octroi de permis, de certifications relatives au stockage d'essence, et d'autorisations d'explosifs.

Son fonctionnement

L'administrateur du programme est l'*Office for Product Safety and Standards*, un service du *Department for Business, Energy and Industrial Strategy*.

Les entreprises et les collectivités locales doivent déposer leur demande de constitution d'un partenariat par l'intermédiaire d'un système de TI (le *Primary Authority Register*) établi et administré par l'*Office for Product Safety and Standards*. Ceux qui ne peuvent utiliser le service numérique peuvent également faire appel au service d'assistance de *Primary Authority*.

Une fois le partenariat établi, la collectivité locale et l'entreprise concernées gèrent leurs propres relations. Elles sont encouragées à convenir de méthodes de communication avant de créer le partenariat. Tous les conseils donnés aux entreprises par une autorité principale doivent être publiés en ligne, au travers du *Primary Authority Register*.

Le partenariat instauré dans ce cadre – généralement entre une entreprise et une collectivité locale – a pour mission de dispenser à l'entreprise en question des avis et des conseils concernant la (les) fonction(s) qui l'intéressent (hygiène de l'environnement par exemple), et de conseiller et guider par ailleurs les autres autorités locales quant à la façon dont elles doivent exercer leurs fonctions en rapport avec cette entreprise.

Les entreprises rémunèrent les collectivités locales, les services d'incendie, et les instances de réglementation nationales, sur la base du recouvrement des coûts, pour les services fournis au titre du programme. Cette mesure vise à protéger les services au public et à prodiguer des conseils aux entreprises à un coût raisonnable.

L'*Office for Product Safety and Standards* a mis au point des directives qui expliquent le fonctionnement de *Primary Authority* et le mode opératoire qu'une entreprise, une collectivité locale, un service d'incendie et une instance de réglementation nationale doivent appliquer dans son cadre.

Des informations sont également fournies aux fonctionnaires de l'administration centrale pour leur expliquer comment communiquer avec le programme et comment intégrer leur domaine d'action dans le champ couvert par ce dernier.

Type de services proposés

Les services de *Primary Authority* portent actuellement sur l'hygiène de l'environnement, les normes commerciales, et la sécurité-incendie, notamment en ce qui concerne l'octroi de permis, de certifications relatives au stockage d'essence, et d'autorisations d'explosifs. Ces domaines peuvent sembler assez spécialisés, mais ils relèvent de la responsabilité de différents ministères au Royaume-Uni.

Moyens de communication

Les services de *Primary Authority* sont principalement assurés en ligne. L'*Office for Product Safety and Standards* gère par ailleurs une ligne d'assistance. Ces services ont trait à la création d'autorités principales, auxquelles il appartient ensuite de fournir les informations pertinentes.

Les collectivités locales disposent également de leurs propres guichets numériques, téléphoniques et physiques qui dispensent les services qu'elles proposent aux entreprises clientes dans le cadre de *Primary Authority*. Les autorités principales sont ensuite chargées de communiquer des informations légalement garanties quant aux démarches que les entreprises britanniques doivent effectuer dans les domaines susmentionnés pour être en conformité avec la loi. Elles ont pour seule fonction de dispenser des conseils ; elles n'aident pas les entreprises à remplir leurs obligations réglementaires.

Principales caractéristiques

Engagement politique

- La rotation incessante des ministres constitue un défi pour le service *Primary Authority*. En tant que composante très restreinte de l'administration publique britannique, il est difficile à celui-ci d'informer constamment les dirigeants de ses fonctions particulières.
- *Primary Authority* est devenu pour les responsables politiques une source d'informations utile quant à la charge réglementaire qui pèse sur les entreprises et ses retombées « sur le terrain ». En effet, ses principaux clients sont des PME, avec lesquelles les responsables publics ont généralement des difficultés à entrer en contact.
- Durant la phase de lancement du service, des pressions substantielles se sont exercées pour fixer un nombre cible d'entreprises adhérentes à l'horizon 2020. Cette cible n'a cependant pas été validée par des données concrètes et, dans tous les cas, il semblerait qu'elle n'ait pas été raisonnable, malgré l'élargissement du périmètre de compétences du programme ces dernières années.

Leadership

- Le modèle de financement fondé sur le recouvrement des coûts a soulevé des difficultés pour certaines collectivités locales. C'est notamment le cas au Pays de Galles, où il n'est pas courant que celles-ci facturent leurs services directement aux usagers. C'est pourquoi l'*Office for Product Safety and Standards* a organisé de vastes programmes de promotion pour aider les collectivités locales à définir une structure optimale, et pour expliquer aux entreprises concernées les avantages du dispositif.

Consultation publique

- À chaque étape de son développement, l'élargissement du périmètre de compétences du dispositif *Primary Authority* a été le fruit d'un engagement massif des parties prenantes. Ce processus a été favorisé, officiellement et officieusement, au travers de consultations publiques, par des évaluations d'impact portant sur d'éventuelles modifications au programme et la mise en place de divers groupes de travail, généraux et spécialisés (pour les supermarchés par exemple).
- Étant donné sa dimension actuelle, on ne peut raisonnablement attendre de *Primary Authority* que des services de portée limitée. Si une expansion du dispositif devait intervenir à relativement court terme, il ne serait sans doute pas en mesure de faire face à un éventuel afflux de demandes. Les décideurs doivent donc être clairement d'informés des conséquences d'une telle expansion en termes de ressources. Auparavant, on a fait appel pour cela à un exercice transparent d'analyse d'impact qui a permis aux parties prenantes, internes et externes, d'expliquer pourquoi un changement était nécessaire, et son éventuelle incidence sur les ressources.

- La participation des entreprises à *Primary Authority* est désormais un critère que les différentes instances de réglementation britanniques prennent en compte pour calculer leur profil de risque en termes de conformité et d'inspections. Celles qui ont établi un partenariat dans ce cadre sont moins souvent assujetties à des inspections que les autres.

- Cette approche fondée sur les risques a en partie été adoptée suite à des observations formulées par les instances de réglementation. En effet, deux tiers environ de celles qui participent à *Primary Authority* estimaient que le taux global de conformité s'était amélioré. Par ailleurs, dans les cas où des manquements avaient été constatés, trois quarts d'entre elles ont déclaré que les résultats s'étaient améliorés du fait qu'il leur était plus facile de traiter avec les entreprises concernées.

- Les responsables de *Primary Authority* ont éprouvé des difficultés à évaluer l'intérêt du dispositif pour les contribuables britanniques. En 2015, ils ont commandé un rapport d'évaluation de son utilité. Ils ont créé au sein de l'*Office for Product Safety and Standards* une cellule de renseignement qui travaille actuellement sur ce thème.

Principaux enseignements

- L'établissement de communications claires avec les clients a été déterminant. Le rôle de *Primary Authority* a parfois été mal compris par les entreprises, qui pensaient y trouver un plus large éventail de services que ceux effectivement offerts. Les agents du programme ont donc dû intervenir activement auprès d'elles pour bien leur expliquer en quoi le dispositif consiste.

- La mise en place d'une communauté de pratique a été un outil essentiel pour mobiliser l'adhésion des collectivités locales et des entreprises clientes. Elle a par ailleurs offert l'occasion de réfléchir aux problèmes et de trouver ensemble des solutions communes.

Annexe A. Services transfrontaliers dans l'Union européenne

La directive « services »

Histoire

La directive du 12 décembre 2006 relative aux services dans le marché intérieur (2006/123/CE), dite directive « services », fait partie des instruments du programme de réformes économiques énoncé dans la stratégie de Lisbonne de 2000, qui visait à faire de l'Union européenne « l'économie de la connaissance la plus compétitive et la plus dynamique du monde d'ici à 2010 ». Elle a été présentée pour la première fois en 2004 par Frits Bolkestein, alors commissaire européen au marché intérieur. Au terme d'un parcours législatif qui a vu son texte plusieurs fois remanié, elle a finalement été approuvée par le Parlement européen et adoptée par le Conseil le 12 décembre 2006. La directive « services » devait être transposée par tous les États membres de l'UE avant le 28 décembre 2009.

Objectifs

La stratégie de Lisbonne appelait notamment à avancer à grands pas vers l'achèvement du marché intérieur. Le secteur des services en plein essor laissait entrevoir un gisement d'emplois et de croissance économique qui n'attendait que la libéralisation du marché européen pour se révéler. Un rapport de 2002 de la Commission européenne sur la situation du marché intérieur des services recensait plus de quatre-vingt-dix obstacles au fonctionnement du marché intérieur, qui engendraient des coûts considérables pour les entreprises, en particulier les petites et moyennes entreprises (PME) cherchant à développer des activités de services transfrontalières. Les utilisateurs, surtout les consommateurs, restaient eux-aussi pénalisés par des obstacles à la libre circulation des services, l'absence de concurrence maintenant les prix élevés. La directive visait à éliminer plusieurs obstacles juridiques restrictifs afin de favoriser l'activité économique et la concurrence transfrontalières. Plus précisément, elle établissait un cadre juridique qui devait permettre :

- pour les entreprises :
  - d'éliminer les obstacles à la liberté d'établissement des prestataires dans les États membres,
  - d'éliminer les obstacles à la prestation temporaire de services transfrontaliers,
  - de simplifier les procédures et formalités encadrant l'établissement dans un autre État membre ;
- pour les consommateurs :
  - de renforcer la protection des consommateurs et des destinataires de services ;
  - d'améliorer l'information et la transparence sur les activités de services ;
  - de donner accès à un plus grand choix de services à des prix compétitifs.

Les « guichets uniques »

L'un des mesures phares de la directive « services » visait la simplification administrative par la mise en place, dans chaque État membre, avant décembre 2009, de « guichets uniques », sous la forme de portails en ligne permettant de s'informer sur les exigences juridiques et administratives et d'accomplir les procédures et formalités par voie électronique. Grâce à un tel portail, un prestataire, au lieu de se mettre en contact avec les différentes administrations du pays, s'adresse à un interlocuteur unique pour obtenir toutes les informations nécessaires et accomplir toute la procédure en ligne. Les guichets uniques sont des interfaces entre les entreprises et l'administration et ils font partie des stratégies d'administration en ligne des États membres. Leur mise en œuvre s'est cependant révélée difficile et n'est toujours pas achevée à ce jour. Prenant acte de leur inadéquation avec les besoins réels des entreprises, la Commission et les États membres ont adopté en 2013 une charte des guichets uniques. Celle-ci établit quatre critères à respecter pour évaluer et améliorer les services des guichets uniques, à savoir : qualité et disponibilité des informations, accomplissement en ligne des formalités, accessibilité aux utilisateurs d'autres pays, facilité d'utilisation.

- Une première évaluation des guichets uniques a été faite en 2012 à l'occasion du rapport de la Commission sur la mise en œuvre de la directive « services », et a constaté que la plupart des États membres n'avaient pas encore réussi à se conformer à toutes les exigences de la directive.

- Une autre évaluation similaire réalisée en 2015 montrait la persistance d'une importante marge d'amélioration pour la mise en œuvre des guichets uniques : le score moyen pour l'accessibilité était de 54 %, certains critères obtenant un score encore plus mauvais, tels celui de l'accessibilité pour les utilisateurs transfrontaliers (41 %). Les guichets uniques obtenaient leurs meilleurs scores sur les critères de la facilité d'utilisation et de l'accomplissement en ligne des formalités (61 %), suivis par la qualité et la disponibilité des informations (57 %).

La charte sur les guichets uniques précisait également que l'évaluation de 2015 ne constituerait pas une échéance finale, mais plutôt une date butoir pour la réalisation de progrès vers des guichets uniques plus complets et plus conviviaux. Compte tenu de l'ampleur de la marge d'amélioration, la Commission continuera à évaluer régulièrement les guichets uniques par la suite, à des intervalles suffisamment longs pour permettre l'inclusion d'améliorations supplémentaires.

L'évaluation des guichets uniques réalisée en 2017 et rapportée dans le tableau d'affichage du marché unique montre que les résultats sont raisonnablement satisfaisants pour certains d'entre eux (Commission européenne, 2019[1]). Même si les États membres ont amélioré la disponibilité des procédures, qui sont au moins partiellement en ligne, l'accès à partir d'autres États membres pose toujours de gros problèmes, surtout lorsqu'il existe des exigences strictes en matière d'authentification et de signature électronique. Par ailleurs, seul un tiers des guichets uniques fournissent des informations suffisamment détaillées sur les procédures.

Outre les aspects qui seront évalués par la Commission, la charte des guichets uniques invite les États membres à contrôler les performances de leurs guichets uniques en ligne, et à les confronter autant que possible aux besoins réels des entreprises.

Le portail numérique unique

Le 2 octobre 2018, le Parlement européen et le Conseil ont adopté un règlement établissant un portail numérique unique. Ce projet, qui consiste dans les faits en une intégration des guichets uniques existants, est une étape supplémentaire dans la réalisation du marché unique des services.

Le portail numérique unique deviendra le point d'accès à des informations et des démarches en ligne dont les citoyens et les entreprises de l'UE ont besoin pour exercer une activité dans n'importe quel État membre de l'UE. Il sera présenté et mis en avant auprès des citoyens et des entreprises sous la bannière du site « L'Europe est à vous ». Il comprendra des outils de recherche permettant d'obtenir des informations complètes et fiables sur les droits, les règles et les procédures applicables, ainsi que des services d'assistance et de résolution de problèmes. Les utilisateurs pourront effectuer un certain nombre de ces procédures entièrement en ligne, en bénéficiant de l'application du principe « une fois pour toutes ».

- D'ici à la fin de 2020, les citoyens et les entreprises qui déménagent dans un autre État membre de l'UE pourront savoir facilement quelles règles s'appliquent et quels sont les services d'assistance disponibles dans leur nouveau lieu de résidence.
- À la fin de 2023 au plus tard, ils pourront effectuer un certain nombre de démarches essentielles dans tous les États membres de l'UE sans avoir à remplir des papiers – par exemple, immatriculer un véhicule, ou demander une pension auprès d'un régime de retraite.

Les guichets uniques figurent dans la liste des services d'assistance et de résolution de problèmes établis par des actes contraignants de l'Union et ont donc été intégrés d'emblée au portail numérique unique, comme le portail EURES.

- EURES (EURopean Employment Services – services européens de l'emploi) est un réseau de coopération formé par les services publics de l'emploi. Les organisations syndicales et patronales participent également en tant que partenaires. L'objectif du réseau EURES est de faciliter la libre circulation des travailleurs dans l'Espace économique européen (EEE) et la Suisse. Le portail d'EURES offre la possibilité aux demandeurs d'emploi de chercher un travail dans un autre pays, et aux employeurs qui souhaitent recruter à l'étranger de publier des offres d'emploi.

D'autres services d'assistance et de résolution de problèmes proposés par la Commission, par les États membres ou par des opérateurs privés peuvent être ajoutés au portail à condition de remplir les critères énoncés dans le règlement. Les usagers devraient accéder facilement, par l'intermédiaire du portail, aux services suivants :

- Le réseau des Centres européens des consommateurs (ECC-Net) des pays de l'UE, d'Islande, de Norvège et du Royaume-Uni, dont la mission est d'informer les consommateurs sur leurs droits, ainsi que de les conseiller juridiquement et de les aider en cas de litige avec un professionnel établi dans un autre pays européen.
- Le réseau Enterprise Europe Network (EEN), qui aide les entreprises à innover et à accéder à de nouveaux marchés. Il s'agit du plus grand réseau mondial de soutien aux petites et moyennes entreprises (PME) qui souhaitent se développer à l'international. Le réseau est actif dans plus de 60 pays et rassemble 3 000 experts de plus de 600 organisations membres, parmi lesquelles des pôles technologiques, des organismes de soutien à l'innovation, des universités et des instituts de recherche, des agences de développement et des chambres de commerce et d'industrie.

Référence

Commission européenne (2019), *Single Market Scoreboard: Performance per Governance Tool - Points of Single Contact*, https://ec.europa.eu/internal_market/scoreboard/performance_by_governance_tool/points_of_single_contact/index_en.htm.   [1]